Wir danken für Ihr Verständnis!

Aus den Autorenhonoraren und Verlagserlösen dieses Buches wird eine Spende an die Berliner Bahnhofsmission finanziert.

Mix
Produktgruppe aus vorbildlich bewirtschafteten Wäldern und anderen kontrollierten Herkünften
www.fsc.org Zert.-Nr. GFA-COC-001278
© 1996 Forest Stewardship Council

09 10 11 12 4 3 2 1

© Carlsen Verlag GmbH, Hamburg 2009
Lektorat: Oliver Th. Domzalski
Umschlaggestaltung: Nicole Boehringer
unter Verwendung eines Fotos (Collage)
von dpa Picture-Alliance
Vor- und Nachsatz: Martin Reinl
Herstellung: Nicole Boehringer
Printed in Germany
ISBN: 978-3-551-68167-6

www.carlsenhumor.de

Wir danken für Ihr Verständnis!

Das Bahn-Comedy-Buch

Herausgegeben von Käthe Lachmann

Mit einem Vorwort von
Thomas Hermanns

CARLSEN

Inhalt

Thomas Hermanns

Raps bei Bielefeld Ein Vorwort

Beim Durchlesen dieser vielen schönen Gedanken und Erlebnisse der versammelten Humorfachkräfte zum Thema
Bahn fiel mir natürlich als Erstes ein, dass sich sicher einige
der beschriebenen Erlebnisse auf den Fahrten der Autorin-
nen und Autoren zu oder von einem Auftritt im Quatsch
Comedy Club in Berlin oder Hamburg ereignet haben können. Insofern sind wir vom QCC quasi indirekt schon an
diesem Buch beteiligt, und ich möchte mich an dieser Stelle
bei allen Bahn-Leidenden förmlich entschuldigen, dass wir
sie zu den Shows bei uns nicht mit der Lufthansa einfliegen
können – wobei das auch nicht unbedingt besser ist ...

Es fiel mir dann beim Lesen auf, dass sich die Auto-
rinnen und Autoren in die Gruppen der Bahn-Leidenden
und der Bahn-Verteidiger unterteilen lassen. Die einen
versuchen durch die Kraft ihres Intellekts und Witzes die
vielen bekannten Grässlichkeiten einer Bahnfahrt seelisch
zu überleben – die anderen versuchen mit der Kraft ihres
Intellekts und ihres Witzes das Positive an der deutschen
Bahn herauszuarbeiten und so die bekannten Grässlichkeiten einer Bahnfahrt seelisch zu überleben. Beide Seiten ha-

ben es geschafft und schaffen es täglich sicher immer wieder. Respekt!

Außerdem kommen überraschend oft die Stadt Bielefeld und die Pflanze Raps in den Texten vor – diese beiden Phänomene sind wohl für die Seele des Bahnfahrers und der Bahnfahrerin so prägend und deutsch wie vielleicht sonst ein Spielfilm mit Veronica Ferres. Ein klassisches Zug-Thema, das merkwürdigerweise gar nicht vorkommt (was mich eigentlich bei meinen Kolleginnen und Kollegen wundert), ist das Thema Sex und Zug ... In jeder französischen Anthologie wären dem Thema „wildes Nachtzug-Abteil" sicher mehrere Kapitel gewidmet worden, aber anscheinend ist die deutsche Bahn wie so vieles in Deutschland (einschließlich Veronica Ferres) doch eher kühl, designt und definitiv unsexy.

Und schließlich ist dieses Buch für mich auch ein schönes Abschiedsgeschenk für Herrn Mehdorn und seine Ära. Irgendwie scheint davon schon jetzt genausowenig Gutes in den Köpfen schlauer Reisender übrigzubleiben wie vom historisch nun ungefähr gleichzeitig abgetretenen George W. Bush ... Allerdings gab es bei Mehdorn kein Guantanamo – außer man zieht Parallelen zu jenem merkwürdigen 9-Plätze-Abteil an der 1. Klasse-Spitze der ICEs, in dem man ab und zu sehen kann, wie sich die Trennscheibe zur Hi-Tech-Lokführerkanzel plötzlich optisch vernebelt (ein Effekt, bei dem ich übrigens beim ersten Mal dachte, der Zugbegleiter habe mir KO-Tropfen in den Kaffee getan).

Was für mich auf der Habenseite übrigbleibt von der Ära Hartmut, ist die deutlich gestiegene Freundlichkeit des Zugpersonals, die die immer abstruser werdenden Maßnahmen der Konzernspitze nun immer erklären und an den Kunden bringen mussten. Da hat sich doch im Ton wirklich viel verbessert auf dem Weg von der ehemaligen Staatsbehörde zu – von amerikanischen Fachkräften sicher in den Wahnsinn gecoachten – neuen Service-Freundlichkeit. Da verteile ich einfach jetzt mal selber Bonus-Punkte …

Also: Viel Spaß beim Lesen dieses herrlichen Werkes. Und Sie wissen, wo Sie dieses Buch natürlich am besten lesen: auf der nächsten Bahnfahrt. Kurz vor Bielefeld. Mit Blick auf den Raps.

Johann König

Mein größter Fauxpas

Seit ungefähr 2 Jahren sind wir mit einem kleinen Tour-
bus unterwegs, darum fahre ich nur noch sehr selten mit
dem Zug, aber davor, also von 1999 an, zu einer Zeit, als
die Theater noch kleiner und die Städte noch abgelegener
waren, bin ich fast ausschließlich mit der Bahn von Auftritt
zu Auftritt gefahren. Und ich möchte es einmal so formu-
lieren: Als ich auf der Bühne noch Amateur war, war ich auf
der Schiene längst Vollprofi.

Im Internet suchte ich mir die Verbindungen raus, und
schon da machte mir keiner etwas vor: Ich wusste genau,
was RE, RB, IR oder IRE bedeutet, wie sich 3 Stunden in der
NOB anfühlen, die von der Nord- zur Ostsee fährt, wie lange
„7 Minuten Fußweg" zur S-Bahn in Stuttgart wirklich dau-
ern, was ein BordBistro vom BordRestaurant unterscheidet,
nämlich u. a., dass im BordBistro geraucht werden darf bzw.
durfte, was dazu führte, dass alle Raucher ins Bistro stürm-
ten und dort die Einnahme von warmgemachter Nahrung
ebenso unerträglich machten, wie es die mintgrün-violette
Einrichtung tat. Ich kannte den Unterschied zwischen ggfs.
freigeben (für Last-Minute-Reservierer), reserviert von …
bis … (aufpassen: Köln heißt Hbf oder Deutz, d. h. immer

Deutz abwarten!) und reserviert für Bahn-Komfort-Kunden (war ich selber, habe immer mit größtem Vergnügen mit der Karte wedelnd Leute vertrieben), und meiner immer wieder von Hass unterbrochenen Liebe zur Deutschen Bahn machte ich für mich am beeindruckendsten dadurch Luft, dass ich noch im Zug einen empörten Leserbrief an die Wochenend-Beilage der Süddeutschen Zeitung schrieb, nachdem ich dort den Artikel „Die Deutsche Bahn: Erfahrungsbericht einer Vielfahrerin" gelesen hatte, in dem wie in einem schlimmen Kabarettprogramm alle negativen Klischees über das Zugfahren in Deutschland aneinandergeklatscht waren und u. a. behauptet wurde, der Ticketerwerb am Fahrkartenautomaten sei unfassbar kompliziert und zeitaufwendig. Das Gegenteil ist der Fall: Der Vielfahrer kennt sich aus, drückt lässig auf „Express-Kauf", muss weder Abfahrtsort, Abfahrtsdatum, Reise über … oder anderen Krempel eingeben, sondern nur sein Ziel, Verbindung auswählen, EC-Karte reinschieben, und in sage und schreibe – ich habe das tatsächlich mal gestoppt – 60 Sekunden hat er sein Ticket.

Diese über Jahre erworbene Meisterschaft im Umgang mit der Deutschen Bahn bewahrte mich aber nicht vor einem Fauxpas ungeahnten Ausmaßes, meiner wohl schlimmsten Bahnreise.

Am 29.03.2003 stand ein Auftritt in Frickenhausen auf dem Spielplan. Die Verbindungen hatte ich längst herausgesucht, mit Umsteigen musste man über 4 Stunden Fahrt einplanen, und so stiegen wir – mein Gitarrist und Begleitmusiker Dr. Paul und ich – gegen Mittag in Köln Hbf ein.

Dieser erste Zug kam schon mit Verspätung, der Anschlusszug in Frankfurt wurde natürlich verpasst, und auch in Mannheim klappte rein gar nichts. Als wir am frühen Abend völlig genervt in unserem vorletzten Zug saßen und eine einstündige Verspätung abzusehen war, rief ich kurz vor Stuttgart Hbf den Veranstalter an und teilte ihm mit, dass wir erst gegen 19 Uhr am Bahnhof ankommen. Darauf er: Ja, an welchem Bahnhof denn? Ich: Na ja, in Frickenhausen am Bahnhof. Er: Tja, das ist jetzt komisch, denn … wir haben überhaupt keinen Bahnhof. Ich: Ach. Er: Wo seid ihr denn gerade? Ich: Im Zug nach Stuttgart. Er: Mmh, wir sind ja hier bei Würzburg. Ich: Ach. Nicht bei Nürtingen? Er: Nee. Bei Würzburg. Ich: Sind Sie sicher? Er: Ja, das weiß ich genau. Ich wohn ja hier. Ich: Das ist ja … wohin … ich mein, wo ist denn der nächste Bahnhof bei Ihnen? Er: Ochsenfurt. Ochsenfurt bei Würzburg. Ich: Ochsenfurt bei Würzburg … alles klar. Wir kommen. Wird aber etwas später.

Der Anflug von Panik in meinem Gesicht während des Telefonats habe ihm gar nicht gefallen, hat Dr. Paul nachher gesagt. Überstürzt stiegen wir in Stuttgart aus, brüllten einen Schaffner an: „Nach Würzburg, nach Würzburg, wann??? Und wo??? Sag schon! Los! Du, du Schaffner", und saßen kurze Zeit später erleichtert in einem Zug, der uns in die richtige Richtung fuhr.

Was wir dann feststellten, war allerdings weniger schön: Wo war die GITARRE? Dr. Paul hatte seine Gitarre im letzten Zug vergessen! Seine Gitarre, die er seit vielen Jahren hegt und pflegt, die er sich vom Munde abgespart hat, mit der er eine Beziehung hat, die er liebt. Noch mit keiner Frau hat er's so lange ausgehalten wie mit seiner Gitti. Wenn man Musikern zuhört, die ihr Instrument verloren haben, könnte man meinen, sie hätten gerade einen Arm verloren.

Gitti fuhr jetzt bestenfalls unbemerkt nach München, Dr. Paul war die nächsten Stunden damit beschäftigt, Nummern herauszufinden und sich verbinden zu lassen mit Bahnangestellten aller Art und dem Chef des Fundbüros im Hbf München, und ich musste dem Veranstalter erklären, dass wir wohl ins falsche Frickenhausen unterwegs gewesen waren und gegen 21 Uhr im richtigen ankommen könnten. Im Taxi von Ochsenfurt nach Frickenhausen zog ich mich um, um dann direkt, quasi aus dem fahrenden Wagen heraus, auf die Bühne zu stürzen, von wo aus ich mir von einer johlenden Menge dumme Sprüche über meine geographischen Kenntnisse im Allgemeinen anhören musste. Das Programm dauerte nicht ganz so lange wie üblich, ver-

Die Fahrt in vollem Gange
oder die Fahrt im vollen Gange

Ich sitze im Gang,
fahre die Landschaft entlang
und träume von lächelnden Zeiten.
Der Raps ist gelb,
I need some help
in diesen zerfahrenen Weiten.

mutlich deshalb, weil die drei Lieder mit Gitarrenbegleitung wegfielen, und am Ende zog mir der Veranstalter wegen der Verspätung und der angeblich verärgerten Gäste etwas von der Gage ab, obwohl er eine Stunde länger Getränke verkauft hatte. Das Schwein.

Völlig fertig betranken wir uns am späten Abend noch schnell im Ochsenhof, und die bange Frage, die mich im Hinblick auf den Auftritt am nächsten Tag beglitt, war einzig die: Wie viele Höchbergs gibt es?

Horst Evers

Hildesheim – Berlin

In einer Gaststätte in der Nähe des Hamburger Bahnhofs gibt es auf dem Herrenklo einen Hinweiszettel: „Bitte keine Tiere in der Toilette zurücklassen!"

Seit ich diesen Zettel vor einigen Wochen gelesen habe, beschäftigt er mich. Wie kommt es zu so einem Zettel? Was ist die Vorgeschichte? Funktioniert der Zettel? Oder hat er überhaupt erst Leute auf die Idee gebracht, ihre Tiere in dieser Toilette auszusetzen? War das womöglich die eigentliche Absicht des Besitzers? Auf diese perfide Art zu möglichst vielen Tieren zu kommen? Und wenn ja, warum? Was will er denn mit denen allen?

Und macht sich überhaupt irgend jemand eine Vorstellung davon, wieviele Sportplätze es an der Bahnstrecke zwischen Hildesheim und Braunschweig gibt? Völlig absurd. Mindestens dreimal soviel wie im Rest der Republik. Guck, da, schon wieder einer. Und kein einziger wird benutzt. Treiben die Menschen zwischen Hildesheim und Braunschweig gar keinen Sport? ... Obwohl im Moment sieht man ja überhaupt gar keinen. Sind da überhaupt Menschen zwischen Hildesheim und Braunschweig? Also ich kenne keinen. Wobei Häuser gibt es schon. Da, da, überall Häuser. Aber das muss nix heißen. Vielleicht hat man diese ganzen Häuser, Straßen und Sportplätze da auch nur versehentlich hingebaut und erst hinterher gemerkt, dass da ja gar keiner wohnt. Und jetzt steht dieses ganze Zeug da einfach nur so rum …

Auf der Toilette vom Café Lomo in Mainz hängt in der Kabine ein Zettel: „Kein Trinkwasser!" Wohlgemerkt, da ist kein Waschbecken oder so in der Kabine. Nur die Schüssel und eben dieser Zettel: „Kein Trinkwasser!" Was ist da die Vorgeschichte? Also ich zumindest habe nach dem Besuch dieser Toilette die Mainzer mit ganz anderen Augen angesehen. Wobei ich einräumen muss, dass in keiner anderen Mainzer Toilette nochmal so ein Zettel hing. Andererseits waren all diese anderen Mainzer Toiletten aber auch auffallend sauber und gepflegt. Also so sauber, dass man da wahrscheinlich auch … Da wird man doch misstrauisch.

Ich habe einen Bekannten, der behauptet steif und fest, es sei früher für ihn immer total nervig gewesen, dass ständig Leute aus seinem Haus die Haustür abgeschlossen hätten. Und er musste dann ständig bei Besuch aus dem 4. Stock runter, um die Tür aufzuschließen. Bis er irgendwann unten einen Zettel aufgehängt hätte: „Bitte immer die Tür abschließen!" Seitdem sei sie immer offen.

Hinter Braunschweig sieht es auch nicht viel anders aus als vor Braunschweig. Mir wird ein bisschen langweilig. Früher, wenn es mir in der Bahn langweilig wurde, habe ich gerne mein Telefon genommen, meine Reisetasche geöffnet, den Kopf mit Telefon reingesteckt und, speziell in Gebieten mit sehr schlechtem Empfang, ganz, ganz laut gerufen: „Ja, ja, ich höre Dich sehr gut, Du hattest Recht, diese Tasche bündelt und verstärkt den Empfang echt ganz enorm, ich kann Dich absolut gut verstehen, obwohl wir im Moment fast gar kein Netz haben."

Zuerst bin ich mir blöd vorgekommen, aber seit immer mehr Fahrgäste hinterher gefragt haben, ob sie mal die Tasche benutzen dürften, oder sich nach dem Fabrikat erkundigten, machte es mir immer mehr Spaß. Ich liebe es, wenn sie Minuten später zerzaust und enttäuscht wieder aus der Tasche hervorkommen: „Nee, schade, bei mir funktioniert es nicht."

Ich mag sehr an dieser Zeit, dass mittlerweile immer mehr Menschen bereit sind, praktisch alles für möglich zu halten, auch dass sie mit dem Kopf in der Reisetasche einen besseren Handyempfang haben.

In München, auch in einer Bahnhofskneipe, hängt auf der Toilette ein Zettel: „Fotografieren verboten!" Wenn man diese Toilette gesehen hat, weiß man allerdings ganz genau, warum der Wirt diesen Zettel aufgehängt hat. Trotzdem schade.

Die Durchsage behauptet, wir haben 15 Minuten Verspätung. Angeblich wegen Geröllverschüttungen. Ich glaub ihr kein Wort. Offiziellen Stellen glaub ich gar nichts mehr. Nicht, dass das irgendwas verändern würde, ich glaub es halt nur nicht. Fertig. Geröllverschüttungen. Zwischen Braunschweig und Berlin? Ich hab mal gehört, bei der Bahn gibt es längst Kreativwettbewerbe fürs Personal: für besonders originelle Verspätungsgründe. Für die besten und originellsten Ideen gibt es richtig hohe Prämien. Der, der sich diese Geröllverschüttungen ausgedacht hat, ist wahrscheinlich in Bahnkreisen mittlerweile ein richtiger Star. Dafür brauchten die also die Preiserhöhungen.

Und 2,60 Euro für diesen Mitropa-Kaffee sind definitiv zu teuer. Das wollt ich schon immer mal sagen. Außerdem finde ich es ungerecht, dass man nach einem Kaffee immer dreimal auf Toilette muss. Einmal pro Kaffee, das fände ich gerecht. Würde keiner was sagen. Aber dreimal, das ist doch nicht gerecht. Da ist man ja nur am Rennen. Jetzt muss ich schon wieder. Und dann kommt man zurück, weiß gar nicht mehr, wo man war, schreibt irgendwo weiter und hinterher hat man dann im Text diese Sprünge …

Der Mann einen Waggon weiter hat auch ziemlich gequält auf seinen Laptop geguckt. Will wahrscheinlich auch was schreiben. Hat wahrscheinlich auch keine Idee. Er tut mir leid. Gehe noch mal zur Toilette zurück und hänge dort einen Zettel auf: „Bitte keine Tiere in der Toilette zurücklassen!" So, wenn er jetzt noch mal auf Toilette muss, hat er dann doch auch was, worüber er schreiben kann. Ich bin schon ziemlich nett. Raune ihm beim Zurückgehen zu: „Trink doch mal nen Kaffee!"

Ein Freund erzählte mir, in Fulda hängt an einer wohl irgendwie historischen Toilette in der Nähe des Doms ein Zettel:

„Dies ist keine Toilette! Bitte benutzen Sie die Anlagen im Park vor der Orangerie!"

Ein verwirrender Zettel, der auch noch unglücklich formuliert ist. Welche Anlagen im Park?

Berlin-Charlottenburg. Der Zug ist gleich da. Na, das heißt dann ja wohl, dass dieser Text damit fertig ist. Schön. Ich packe zusammen.

Der Zug bleibt stehen. Auf offener Strecke, kurz hinter Charlottenburg. Warum? Heißt das, der Zug ist der Meinung, der Text ist doch noch nicht fertig? Wie kann er das wissen? Hm. Intelligente Maschinen? Züge? Jetzt hör mir aber mal auf.

Aber ich lass mich nicht von der Technik terrorisieren. Ich mach nix. Ich kann warten …

Der Zug kann auch ziemlich gut warten.

Die anderen Fahrgäste werden ziemlich sauer. Hoffentlich merken die nicht, dass das meine Schuld ist, dass der Zug hier steht …

Die Durchsage behauptet, ich sei gar nicht schuld. Es gäbe Probleme mit der städtischen Stromversorgung. Na, da wird sich aber jemand eine ganz schöne Prämie verdient haben. Ganz langsam, im Schritttempo, rollen wir jetzt durch Berlin. Mensch, das kann auch richtig schön sein. Die Stadt sieht ganz anders aus. Man muss nur mal langsamer gucken. Ganz anders.

Bahnhof Zoo. Endlich. Knapp eine Stunde Fahrzeit von Charlottenburg bis Bahnhof Zoo. Mensch, Berlin ist doch größer, als man so denkt.

Am Zoo steht der Schaffner laut schimpfend auf dem Bahnsteig. Weil irgend jemand einen Hund und einen kleinen Affen in der Zugtoilette zurückgelassen hat …

Hennes Bender

Neu bei der Bahn: Themenstrecken

Willkommen zum neuen Service der Bahn: Eventfahrten mit Themenschwerpunkten. ACHTUNG: Die Preise können je nach Thema stark variieren!

IC „Pete Doherty", auch genannt DROGENENT-Zug: von Amsterdam über Drogenbos (Belgien) mit Zwischenstopp in Süchteln über Kiffelberg bis Berlin Zoologischer Garten. Natürlich mit langem Aufenthalt am Frankfurter Hauptbahnhof.

Oder wie wär's mal mit einer entspannten Fahrt im InterRegio „Sean Penn", dem SCHLAFAN-Zug: von Ratzeburg über Pennekamp Bettenhofen, Ruhethal (Bautzen), Stillebeul (Lüdenscheid) und Müden (Mosel) nach Nickersfelden. (Wer's gesprächiger mag, fährt einfach von Schwetzingen über Laaber und Redenfelden nach Dortmund.)

Für harte Jungs gibt's den STRAFVOLL-Zug: von Tötensen über Messerich und Peine nach Killingen, mit Umsteigen in Todtnau oder Leichlingen. Wahlweise Anschluss nach Sargstedt über Gittersbach und Wächtersbach, mit kurzem Aufenthalt in Hof und Endstation Celle. (Kleine Ganoven nehmen die Nebenstrecke über Neppersdorf, Diebach, Klausen, Stehle und Greifswald.)

Schön wäre auch eine kulinarische Reise im DUNSTAB-Zug: von Hungerburg oder Schmachthagen über Würzburg und Mahlberg nach Essen. Danach entweder nach Dormagen oder nach Darmstadt mit Anschluss nach Pforzheim!

Für Vegetarier bietet sich diese Strecke an: ab Linsengericht (Wiesbaden) über Möhrenbach, Dinkelsbühl und Kornwestheim nach Erbsenacker.

Wer es deftiger mag, kann den ICE Rainer Calmund nehmen: von Fleischwangen über Schweinfurt, Specken, Köln-Sülz und Mettmann nach Hinterzarten.

Nett wäre auch der SCHACH-Zug mit folgenden Stationen: Bauernheim, Turmgut, Springen, Lauf, Damendorf und Königswinter.

Neuer Überwachungsskandal bei der Bahn:
Die Klapptische beobachten die Fahrgäste!

Und für die Freunde der Erotik auf Schienen empfehlen wir den Emanuelle-Express: von Petting über Scharfbillig nach Blasen (Ortenburg), dort weiter nach Vögelsen via Poppenbüttel, Eindringhausen (bei Remscheid), Möse (Bayern) und Fucking (Österreich).

Wohin immer ihr fahrt, ich wünsche Euch eine GUTE FAHRT!

P. S.: Die erwähnten Orte gibt es übrigens alle wirklich. Einige haben allerdings noch keinen Bahnhof. Aber was nicht ist, kann ja noch …

Lutz von Rosenberg Lipinsky

Liebe Bahn

Liebe Bahn!

Endlich wollte ich Dir mal schreiben. Mir liegt so vieles auf der Seele … Seit Jahren habe ich immer alles runtergeschluckt. Mitropa-Kaffee-Satz. Nürnberger Bratwürstchen in Folie. Alles. Aber jetzt soll es raus.

Nur: Die Probleme gehen schon bei der Anrede los. Beschreibt das Wort „Liebe" unsere Beziehung überhaupt treffend? Akzeptieren wir uns, so wie wir sind? Begleiten uns in guten wie in schlechten Zeiten? Kann der Tod uns scheiden? Wollen wir immer zusammen sein? Wohl kaum.

Zudem: Gefühle sollten beidseitig sein. Wir zwei haben aber eine eher pathologische Beziehung. Du liebst mich nicht wirklich. Du bist schließlich käuflich: Du beförderst, wen und vor allem wann Du willst. Seien wir ehrlich: Ich bin zwar jedes Mal aufgeregt, wenn wir verabredet sind. Und frage mich, ob Du wirklich kommen wirst. Aber nur, weil ich abhängig bin! Von Dir!

Jetzt ist es raus. Ich liebe Dich nicht, ich brauche Dich. Aber kann ich Dich so anschreiben:

Brauche Bahn?

Na ja. Es ist mir schon klar: Die obige Anrede bedeutet

natürlich nicht, dass man den Adressaten liebt, sondern dass er lieb IST. Das trifft aber nun erst recht nicht zu. Du bist nicht emotional. Bei Dir geht immer alles nur nach Plan. Total zwanghaft irgendwie. Und trotzdem nicht pünktlich! Also, neuer Versuch:

Sehr geehrte Bahn!

Geht auch nicht. Wer ehrt Dich denn? Und sogar sehr? Niemand. Ich jedenfalls habe schon in mit zahlreichen unterschiedlichen Flüssigkeiten bespritzten Zugtoiletten gesessen und auf ein Schild gestarrt, das mich dazu aufforderte, diesen Raum so zu hinterlassen, wie ich ihn vorfinden möchte. Da verliert man jeden Respekt. Soll ich vielleicht mit nem Putzeimer zusteigen? Mann, Mann. Aber vielleicht geht das so:

Tach, Du Bahn!

Ach. Ich weiß nicht. Ich habe das Gefühl, dass wir so nicht weiterkommen. Ich bin verzweifelt. Ich kann Dir nicht einmal schreiben.

Was soll ich sagen: Ich hätte einfach gern ein wenig Zuwendung von Dir – wo ich Dir schon so lange klaglos treu bin. Ich fühlte mich gern von Dir als Partner akzeptiert! Anstatt ständig behandelt zu werden wie ein Tier, das man ein- und wieder auslädt, wie es einem passt.

Bitte: Hör auf, mich zu erniedrigen! Du weißt, wie schwach ich bin. Niemand kennt mich besser als Du. Sei doch mal kurz nett zu mir. Nur einen Moment! Anstatt mich immer hängenzulassen. Zug weg, Preise rauf, Schalter zu. Auf dem Bahnsteig, am Automaten oder im Speisewagen: Immer demonstrierst Du Deine Macht. Das ist das, was Du offenbar brauchst. Auch Du bist schwach. Ich würde mich freuen, von Dir zu hören. Oder zu lesen. Vielleicht magst Du mich ja doch ein bisschen … irgendwie … Du kannst mich auch gerne ansprechen: Ich sitze immer in Wagen 7 auf Platz 93. Zwischen den besoffenen Bundis auf Heimfahrt und der Mutter mit den drei allein verzogenen Töchtern.

Dein Lutz

PS.: Hellblaue Hartschalensitze und in 1,3 Sekunden gezapftes Bier sind total uncool. Finde ich.

Pigor

Bahnhofsarchitektur

Dem ewigen Gemäkel über die Bahn
Schließe ich mich nicht an

Ich kritisier auch nicht die Bahn, ich kritisier hier nur
Die Bahnhofsarchitektur

Denn ob alter oder neuer Bahnhof ist völlig schnuppe
Auf allen Gleisen zieht es wie Hechtsuppe

Und die Reisenden erkälten sich massenweise
Es ist wirklich zu doof
Wieso baut ihr nicht mal einen zugfreien Bahnhof!

ICE

Ich könnt' sie alle erschlagen, hier im Großraumwagen
Dieses ZEIT-Leser-Pack im ICE
Die naturbelassen dralle Ingrid-Noll-Leser-Schnalle
Und den Notebookbenutzer mit dem Tee

Die Mutter, die lauthals ihr Kind erzieht
So dass es jeder im Wagon auch wirklich hört
Alles klebt vor Pädagogik – Und ein Blinder sieht
Die Mutter spinnt und das Kind ist gestört
Und alles lächelt irritiert
Wenn der Handybenutzer zum neunten Mal telefoniert

Nur im Schwerbehindertenabteil
Drehen Rentner an ihren Hörgeräten
Und erzählen sich munter derweil
Kryptofaschistische Absurditäten

Schoten auf einem wunderbaren
Hohen anekdotischen Niveau
Erzählt von Exemplaren
Die noch im Zweiten Weltkrieg waren
Boah, das ist besser als im Zoo

Und du spitzt deine Ohren, damit du nichts verpasst
Doch du bist hoffnungslos verloren
Wenn du keinen Schwerbehindertenausweis hast

Dann zücken sie die Krücken und verbieten dir zu bleiben
Und pressen dich gegen die Zugabteilscheiben
Doch wenn sie dich zurück in den Großraumwagen treiben
Dann hat das einen höheren Erlebniswert
Als wenn man
Mit dieser langweiligen zeitgenössischen Bagage fährt
Und du bestellst dir einen Tee
Und wünschst dir ein MG
Und fragst dich: „Wo ist mein Platz im ICE?"

Ingo Oschmann

Ich liebe die Deutsche Bahn AG

Ich möchte es hier in aller Deutlichkeit schreiben:

ICH LIEBE DIE DEUTSCHE BAHN AG ...

... und die Deutsche Bahn AG liebt uns. Viele Menschen vergessen das und haben einen völlig falschen Eindruck von dieser gemeinnützigen Einrichtung. Ich finde das nicht gerecht, denn ich genieße sehr gerne alle Vorzüge, die mir die Bahn bietet.

Die Bahn macht sicher vieles, aber sicher nichts falsch, im Gegenteil.

Sie schützt uns Kunden vor unüberlegten Handlungen. Schnell irgendeinen Zug nehmen, das geht nicht. Übersprungshandlungen sind nicht gut für unsere Seele. Wir sollen uns mit der Reise auseinandersetzen, wir sollen überprüfen, nachfragen, zweifeln, um dann glücklich und vom Erwerb der Fahrkarte erschöpft die Reise anzutreten. Nicht gefühlskalt, sondern mit einem Empfinden von „Gut, dass ich endlich drin bin", das bald abgelöst wird von „Hoffentlich komm ich pünktlich an ... hoffentlich komm ich überhaupt an ... Scheiße, das ist gar nicht mein Zug!!"

Eine Reise auf gleicher Strecke ist nie gleich. Mal kommt man zu früh, mal eine Kleinigkeit später, mal gar nicht am Zielbahnhof an. Das macht unsere Unternehmung besonders, das hält uns frisch. Das macht unser tristes Dasein zu einem Abenteuer und verdient ein „Danke!"

Ich musste mal am Bahnhof Hamm mit meinen Mitreisenden vorzeitig aussteigen, weil der Zug nicht weiterfuhr. Nicht weil er defekt war, sondern weil er zum TÜV musste. Kein Witz! So etwas erledigt die Bahn während einer Reise.

Ich versteh das. Eine Überprüfung vor Einsatz des Zuges wäre einfach zu banal und macht weniger Spaß. Dass ich meinen Flieger in Düsseldorf nicht mehr bekommen habe, folglich einen Auftritt nicht wahrnehmen konnte und mir dadurch die Gage flöten ging, ist eine beiläufige Randnotiz, die der Bahn AG am Schaltarm vorbeiging. Und auch da empfinde ich keinen Ärger, sondern Dankbarkeit. Was ist schon Geld – verglichen mit Erinnerungen, die ich mein Leben lang nicht mehr missen möchte?

Ich fühle mich wohl in den Zügen. Wie gerne schlummere ich auf den liebevoll mit Schokolade verzierten Sitzpolstern ein. Ich muss immer ein wenig schmunzeln, wenn ich später beim Aussteigen die kleinen braunen aber doch hübschen Muster auf meiner Hinterhose begutachte. Dann hab ich gute Laune. Nur humorlose Menschen ärgern sich über die Reinigungskosten, die dadurch entstehen. Für mich sind sie ein Obolus, den ich gerne für solch schöne, kreative Arbeit entrichte. Erlebnisentertainment nennt der erfahrende Showhase dieses Konzept, Banausen sprechen von „versifft".

Schlummern ist in den Zügen eigentlich gar nicht erlaubt, denn womöglich verpassen Sie so Ihren Zielbahnhof. Das möchte Herr Mehdorn nicht und Herr Grube schon gar nicht. Unser Wohl ist ihre Nahrung, und das lässt sich die Bahn was kosten. Sie behebt das Problem mit Manpower, Elektronik und der gesunden Portion Pfiffigkeit, die nur Bahnangestellten zu eigen ist.

Denn die unscheinbaren Sitze sind nicht so unscheinbar, wie sie vielleicht wirken mögen. Sie messen z. B. die Pulsfrequenz des Fahrgastes. Wird der Puls gleichmäßig und langsam, dann weiß der Sitz: „Aha, der Herr/die Frau _____ (hier müssen Sie Ihren Namen eintragen) schläft", und meldet das an die Zugzentrale. Die beobachtet das ein Weilchen – und wenn sich alle in der Zentrale sicher sind, das Sie tief und fest schlummern, dann und erst dann wird eine Einsatztruppe ins Krisengebiet geschickt: die sogenannte Reiseguerilla. Das sind Klein- und heranwachsende Kinder, die von der Bahn für horrende Gagen beschäftigt werden und uns aufs Köstlichste zu unterhalten wissen. Sie laufen ziellos durch die Gänge, rufen, schreien, spielen Fangen und halten uns so auf Trab. Sollte es dennoch zu einem spontanen Einnicken kommen, wird der Zustand durch ein schrilles und lautes: „Paaaapaaaaa, der Maaaaaaaaannnnn daaa schläääääft" behoben – in einer Tonlage, die an brennende Kaninchen erinnert.

So sorgt die Bahn dafür, dass wir wach und mit guter Laune an unser Ziel kommen.

Da der Entertainment-Charakter bei der Bahn so groß geschrieben wird, habe ich noch einen Tipp für Sie. Machen Sie doch mal Folgendes: Kaufen Sie sich ein günstiges 1. Klasse-Ticket und wetten Sie mit einem nahe bei Ihnen sitzenden Fahrgast, dass Sie vor allen anderen in diesem Wagen bedient werden. Lässt sich der Mitreisende darauf ein, stehen Sie auf und rufen laut in die Leselampe über Ihrem Sitz: „Einen Kaffee bitte."

Kurz darauf erscheint ein Mitarbeiter der Bahn und serviert Ihnen freundlich und zuvorkommend Ihren Kaffee. Das Gesicht der umliegenden Gäste ist das Reisegeld wehrt. Versprochen!

Wie aber haben Sie das gemacht? Beim Einsteigen in den Zug haben Sie dem Schaffner, der am Einstieg steht, Ihre Bestellung bereits mitgeteilt. Da Sie eine Sitzplatzreservierung haben (beim Preis eines 1. Klasse-Tickets kommt es auf 3 Euro Sitzplatzgebühr auch nicht mehr an), wird es dem dynamischen Mitarbeiter ein Leichtes sein, Sie zu finden, um den immer heißen Kaffee zu überreichen. Wenn Sie um Ihr Reisegeld gewettet haben, gibt es jetzt nicht nur ein großes „Hallo", sondern noch eine kostenlose Reise dazu. So kreativ kann man nur in den Zügen der Deutschen Bahn AG sein, denn genau das lebt uns das Unternehmen vor. Tag für Tag. Schiene um Schiene. Und dafür möchte ich einmal Danke sagen. „Danke!"

Dagmar Schönleber

Sturmflut

Es ist mir ein Rätsel, dass manche Leute gerne mit der Bahn fahren.

Es gibt Menschen, die behaupten, Bahnfahren sei entspannend, unterhaltsam, romantisch, philosophisch oder gar „schön". Für mich ist eine Bahnfahrt ein notwendiges Übel, das man in Kauf nehmen muss, um von einem Ort zu einem anderen zu gelangen, an den man nicht laufen oder fliegen kann. Ich besitze zwar ein Auto, aber wenn man es fährt, ist es noch teurer als eine Bahncard, also gucke ich es meistens nur an und gehe dann zum Bahnhof.

Sobald ich in eine Bahn steige, werde ich müde, kann dort aber nicht schlafen. Entweder sind die Sitze oder die Menschen drumherum unbequem, oftmals beides. Gut, ich kann während einer Bahnfahrt gefahrloser aus Erschöpfung einnicken, als wenn ich selbst Auto fahre, aber wer behauptet, er könne während einer normalen Bahnfahrt einen erholsamen Schlaf genießen, hat meiner Meinung nach vorher an drei Opiumpfeifen genascht oder ist in einem Raketenwerk geboren. Vielleicht reicht es auch, Oberhaupt einer temperamentvollen Großfamilie zu sein, um an dem permanenten Lautstärkepegel, den mannigfaltigen Körpergerüchen und den sprachgestörten Ansagen der Zugchefs etwas anheimelnd Beruhigendes oder Vertrautes finden zu können. Eventuell ist es auch nur mein Talent, geheime menschliche Rummelplätze aufzuspüren oder immer dann gerade einschlafen zu wollen, wenn der Schaffner mal wieder eine Durchsage stottert, die mit der Bitte um Verständnis für etwas endet, für das ich nie Verständnis habe. Das Vorteilhafteste, was ich über die Deutsche Bahn sagen kann, ist, dass sie dem Krieg zwar in puncto Krach, Idiotendichte und Fehlplanung recht ähnlich ist, aber weniger Verletzte verursacht. Und manchmal, wenn man gesund aus beiden Veranstaltungen heraus kommt, kann man eine gute Geschichte erzählen.

Ich saß an einem Samstagnachmittag im ICE von Hannover nach Köln und hatte durch eine glückliche Laune des Schicksals einen Sitzplatz gefunden; sogar einen Einzelsitz an einem Tisch, mir gegenüber zwei Plätze, auf denen sich ein emsiger Geschäftsmann mit Laptop, Krawatte und mehreren Bücherstapeln ausgebreitet hatte, so dass auch von dieser Seite wenig Störungen zu erwarten waren. Überhaupt herrschte im ganzen Großraumabteil eine gelassene Ruhe. Der Zug fuhr an, ich kramte mein Buch aus der Tasche, kuschelte mich so gut es ging in meinen Sitz, las eine halbe Seite und wurde dann sehr müde. Als ich gerade einnickte, hörte ich vom Sitz hinter mir eine Stimme. Es war eine dieser Frauenstimmenfrequenzen, die man immer hört – auch und besonders dann, wenn die Frau versucht, leise zu sprechen. Es gibt Menschen, die können nicht flüstern. Die Frau hinter mir gehörte sicherlich dazu. Allerdings versuchte sie gar nicht erst, leise zu reden, sondern monologisierte laut vor sich hin. Aufgrund der sehr kurzen Gesprächspausen, auf die ich aber keine Antwort hörte, schloss ich, dass sie telefonierte. „Hallo? Ach du! Ja, geht so, ich komme gerade aus Berlin. Das war vielleicht schön, mal raus aus dem ganzen Stress, obwohl wir mit der Klasse da waren, Abschlussfahrt mit der Zehnten, ständig muss man die Jungs von den Mädchen runterziehen, aber die Kollegen waren sehr nett …" Ich dachte mir, dass ich so eine Stimme ungern als Lehrerin gehabt hätte, andererseits wäre ich dann vielleicht nicht so oft in der ersten Stunde eingeschlafen. „Aber trotzdem, endlich mal ein bisschen Ablenkung, den ganzen Tag muss ich mich ja gerade um alles kümmern und meine Mutter ist nur noch am Rotieren und jetzt auch noch mit der Oma, mein Vater ist mir ja egal, soll der sich mit der Mama die Köpfe einhauen, aber die Oma …!" An dieser Stelle wurde ihre Stimme etwas brüchig und ging in ein Schluchzen über. „Was? Ach das weißt du ja noch gar nicht, jaja, die Oma, bei der hab ich jetzt auch 15 Jahre gewohnt … ja, 15 Jahre, na ja, wir haben uns jetzt ja auch lange nicht gesehen, ist viel passiert in den letzten 15 Jahren." Sie fing sich wieder und begann tatsächlich ausführlich zu erzählen, was in den letzten 15 Jahre alles so passiert war. Spontan schätze ich, dass das telefonische Gegenüber sehr dumm oder sehr schlau gewesen war, sich 15 Jahre lang von der Frau zu distanzieren

– offensichtlich hatte er oder sie jedoch den allerschlechtesten Zeitpunkt gewählt, um sich mal wieder zu melden. Nach einem kurzen Rundblick stellte ich fest, dass ungefähr 30 der anderen Fahrgäste gut funktionierende Kopfhörer hatten oder eine Ohnmacht vortäuschten, aber die Übrigen mussten sich genau wie ich die extrem unspannenden Erlebnisse der letzten 15 Jahre dieser Frau anhören. Die Gesichtsausdrücke reichten von amüsiert bis schwer genervt, doch ein Weghören war rein physisch unmöglich. Allein die Erzählerin konnte ich nicht sehen ohne aufzustehen, da sie Rücken an Rücken zu mir saß. Ich fragte mich, was für eine Verbindung sie zu der Person am Telefon hatte, schließlich hatten sie sich ja seit 15 Jahren nicht gesehen, aber die Frau plauderte ungehemmt und durchlief dabei sämtliche emotionalen Höhen und Tiefen. Mittlerweile waren wir in der Erzählung, die sich im Wesentlichen um äußerst belanglose Beziehungsgeschichten, generelle Jammereien und das harte Los einer Realschullehrerin drehte, im Hier und Jetzt angekommen, hatten bereits Bielefeld Hauptbahnhof passiert (was eine Fahrt- und Telefonzeit von einer Stunde bedeutete) und die Frau hatte nonstop gesprochen. Warum kann sich eine Realschullehrerin eine solche Handyrechnung leisten? Wer hört sich so ein Gelaber so lange an? Handelte es sich um einen Seelsorger? Zwar wurde das Gespräch durch einige Funklöcher unterbrochen, doch entweder die Frau oder die andere Person rief zurück, sobald es wieder möglich war. Ich hatte gerade all meinen Mut zusammengenommen und war aufgestanden, um sie um eine Verminderung der Lautstärke zu bitten oder ihr schlichtweg das Handy aus der Hand zu reißen und in den Mund zu stopfen – die unmittelbar um mich herum sitzenden Reisenden erahnten mein Vorhaben und sahen mich aufmunternd an –, als die Stimme unvermittelt und laut begann, loszuheulen. „Aber jetzt ist die Oma … die Oma … sie liegt im Krankenhaus und wurde operiert, wahrscheinlich muss sie sterben, sie sagt, sie kommt da nicht mehr lebend raus … und sie ist doch die Einzige, die ich noch hab!" Ich setzte mich wieder hin. Alle Umsitzenden seufzten laut. Man kann jemandem, der gerade um seine liebe Oma bangt, kein Handy in den Mund stopfen, das war allen sofort klar. Nichtsdestotrotz nervte die Frau, zudem ich immer noch sehr müde war, jetzt auch geistig.

Das Gespräch der Frau infiltrierte langsam und auf unterschiedlichste Weise den ganzen Waggon: Die ersten fingen an, über ihre eigene Oma zu reden, andere fragten sich, ob die Oma der Frau es nach 15 Jahren vielleicht vorzog, den Rest ihres Lebens im Krankenhaus anstatt zu Hause bei ihrer dauerredenden Enkelin zu verbringen, wieder andere wollten einfach spontan jemanden umbringen. Das Thema „Tod" durchzog das Abteil und erfasste alle Hörenden.

Plötzlich rauschte der Lautsprecher und ein Schaffner meldete sich dramatisch mit den Worten: „Achtung, verehrte Reisende, hier eine Meldung aus dem Bordrestaurant: Wir haben Sturmflut!" Pause. Verwirrung auf allen Gesichtern. Nur die Frau jaulte laut: „Und jetzt ist hier gerade auch noch Sturmflut auf den Gleisen, wahrscheinlich komme ich zu spät oder gar nicht mehr!" Nach meiner Berechnung mussten wir kurz vor Hagen Hauptbahnhof sein, was nicht in direkter Nähe zum Meer liegt, Erdkunde unterrichtete sie offensichtlich nicht. Da knackte der Lautsprecher wieder. „Entschuldigung, wir haben hier den Roman *Sturmflut* gefunden, also ein Buch, äh, ja, ein Buch. Wahrscheinlich von der Dame, die eben den Erbseneintopf bestellt hat, die kann sich das dann hier abholen. Äh. Ja."

Die Umsitzenden stöhnten wieder laut auf, diesmal jedoch lachend, und das Thema Tod hatte sich mit dem Erbseneintopf verflüchtigt, selbst die Frau war wieder gefasst, ja fast glücklich, so knapp einer Klimakatastrophe entkommen zu sein. Sie beendete das Gespräch. Ich nickte ein und war, glaube ich, das erste Mal in meinem Leben dankbar für eine Schaffneransage.

Michael Genähr

DB: Mobility – Networks – Logistics

Mobility Networks Logistics

Wiesbaden – Berlin, 45 Stunden. Mein Bahnrekord! Mussten wir auf „Anschlussreisende" warten? Gab´s einen „Weichenschaden im vor uns liegenden Gleisabschnitt?" Nein.

KYRILL, „der Herrliche" (griech.), ist eingefahren. Vorsicht an der Bahnsteigkante! Es ist Januar `07. Es ist Orkan.

Bäume sind zur falschen Seite gekippt, der kürzeste Weg nach hause blockiert und die beiden Bahnmitarbeiter mit der Motorsäge sind wohl gerade in Schleswig-Holstein zugange.

Unter katastrophalen Bedingungen werden Stullen geteilt, Handys verliehen, Kleinkinder fremdbetreut. „Wir sitzen alle im selben Zug."

Nach mehrzügiger Irrfahrt komme ich bei Verwandten in Kreuztal unter. Vor diesem Bahn-Orkan war mir das noch nicht untergekommen.

Am zweiten Tag meiner Odyssee sitze ich in einer beängstigend überfüllten Bummelbahn zwischen Siegen und Köln. Wir halten auf offener Strecke.

Da klingt die junge Stimme unseres Zugführers aus den Lautsprechern: „Aus betriebstechnischen Gründen können wir heute leider nur mit einem anstatt mit zwei Triebwagen fahren. Dass Sie es so unbequem haben, tut mir persönlich leid!"

Alle Insassen seines Triebwagens lächeln sich an. Eben noch „Scheiß Bahn!", jetzt „Ach, na ja!"

Mobility Networks Logistics ?

Mumpitz!!!

Wie wär`s mit:

Deutsche Bahn – tut uns persönlich leid!

Ramona Schukraft

Wagen 14, Platz 21

*

---

* Hier sollte eigentlich die wahnsinnig spannende Geschichte von Ramona
Schukraft stehen, die sie am 13. März 2008, um 12:11 Uhr MEZ, auf der
Strecke von Köln nach Hamburg, im ICE 1026 „Regensburg", Wagen 14,
Platz 21 (Fensterplatz) erleben wollte. Aber leider hat sie den Zug verpasst.

Matthias Egersdörfer

Der Brezelmann

Anfang des Jahres bin ich mit der Bahn durch unser Land gefahren. Ich war ein bisschen verdrossen. Die Landschaften, die draußen am Fenster vorbeizogen, wollten noch nicht richtig blühen. Ich selbst war weder hungrig noch satt. Ich fuhr von einem Ort weg, an dem ich nicht mehr sein wollte. Aber dort, wohin ich fuhr, wollte ich auch nicht sein. Ich brütete vor mich hin, glotzte dumpf und blätterte lustlos in einer Illustrierten. Immer mehr verfinsterte sich meine Stimmung, immer tiefer ging es glitschige, schrundige Stufen hinab in den tiefen Keller der schlechten Laune.

Doch mit einem Mal wurde meine trübe Anwandlung beendet. Die glockenhelle Stimme des Zugbegleiters meldete sich fröhlich und aus ganzem Herzen überglücklich mit einer Durchsage: „Sehr geehrte Fahrgäste, ich darf Sie jetzt darauf hinweisen, dass am Bahnsteig in Göttingen unser mobiler Brezelverkäufer zugestiegen ist. Er kommt gleich mit seinem ofenfrischen Backwerk auch an Ihren Platz und bedient Sie dort persönlich. Vielen Dank für Ihre Aufmerksamkeit und guten Appetit!"

Der Zugbegleiter schien geradezu ergriffen. Seine beinahe schon singende Stimme klang, als wäre er selbst ganz überrascht, dass der Brezelmann heute in Göttingen zugestiegen war. Zugleich umwehte eine leichte Ahnung sein Gesagtes, dass zu diesem uneingeschränkten Jubel nicht oft ein Anlass bestand. Tatsächlich klang es fast so, als ob der Zugbegleiter längst nicht mehr daran geglaubt hätte, dass der Brezelmann noch einmal in Göttingen zusteigen würde.

Vielleicht fuhr der Zugbegleiter schon seit Wochen in Göttingen vorbei, aber der Brezelmann stieg einfach nicht zu. Der Zugbegleiter hatte sich in der ganzen Zeit, stets kurz vor der Haltestelle in Göttingen, selbst Mut und Hoffnung zugesprochen: „Vielleicht steigt jetzt gleich in Göttingen der Brezelmann zu, und vielleicht hat er auch frische Brezeln dabei. Heute könnte es gut geschehen, dass der Brezelmann kommt." Aber tatsächlich ist der Brezelmann niemals in Göttingen aufgetaucht, und alle Hoffnung war vergeblich.

Dieser Umstand begann am Seelenkleid des Zugbegleiters zu nagen. Am Anfang hatte er seine schlechte Laune vielleicht noch hinunterschlucken können. Aber mit der Zeit wurde es schlimmer. Immer wieder hielt der Zug in Göttingen, und immer wieder stieg der Brezelmann nicht zu. Aus enttäuschter Erwartung wurde schlechte Laune. Aus schlechter Laune wurde Unmut, und aus Unmut wurde Zorn.

Eines Tages konnte der Zugbegleiter seinen Zorn nicht mehr zügeln und verstopfte sämtliche Toiletten im Zug. Ein anderes Mal drehte er die Heizung im Zug voll auf. Wieder ein anderes Mal stellte der verzweifelte Zugbegleiter alle Heizungen ab, sodass es in den Abteilen bitterkalt wurde und alle Reisenden froren und bibberten.

Unter Umständen sind die Bedienungen in den Bordrestaurants oftmals so schlecht gelaunt, weil sie die Abwesenheit des Brezelmannes einfach nicht mehr ertragen können. Wer weiß denn eigentlich mit Sicherheit, ob der Lokführer vor dem Fahrtantritt nicht den Zugbegleiter fragt: „Wie schaut es denn aus? Steigt heute der Brezelmann zu?" Dann antwortet der Zugbegleiter wahrheitsgemäß: „Letzte Woche ist der Brezelmann nicht zugestiegen und vorletzte Woche auch nicht. Tatsächlich habe ich ihn schon lange nicht mehr gesehen. Aber es kann ja sein, dass er heute zusteigt. Man darf die Hoffnung einfach nicht aufgeben." Dann stellt sich aber heraus, dass der Brezelmann doch nicht zusteigt. Der Lokführer kriegt eine Mordswut und fährt deshalb mit Absicht einen Umweg über Augsburg, weil ihm alles vollkommen egal ist. Es kann ja auch sein, dass es vielen Lokführern in Deutschland so geht. Lokfahren ohne Brezelmann macht vielleicht traurig, und irgendwann will man gar nicht mehr fahren.

Es könnte auch sehr gut sein, dass sich die Reisenden in den Zügen sehr oft so schlecht benehmen, um ihrem Unmut über das Fernbleiben des Brezelmannes Ausdruck zu verleihen. Deswegen nölen und schreien kleinere und größere Kinder bei Bahnreisen. Aus dem gleichen Grund brüllen Damen ohne Pause Nebensächlichkeiten in ihre schnurlosen Telefone und halbwüchsige, aber auch ausgewachsene Herren flüchten sich durch hektisches Trinken von Alkoholika in einen schnellen Rausch.

Aber der Brezelmann ist lange Zeit krank gewesen und konnte keine Brezeln backen und nicht zusteigen.

Jetzt ist der Brezelmann wieder genesen und in Göttingen ist er zugestiegen. Die grauen Wolken sind verweht. Die Sonne strahlt wie ein Pfund Landbutter. Blumen jubeln, grüne Gräser strecken sich. Alle sind glücklich. Die Herzen schlagen im gleichen Takt. Da kommt der Brezelmann mit seinem Brezelkorb und reicht mir eine Brezel. Ich beiße gern hinein und freue mich von ganzem Herzen.

Mischa-Sarim Vérollet

Eine kurze Reflexion

Die Situation: Du im Zug, kommst von irgendeinem Poetry
Slam, den du natürlich nicht gewonnen hast, weil das Publikum die ironische Ebene nicht verstanden hat. Der Ort: ein
Tisch für vier im Großraumabteil, vor dir ein Mädchen, verdammt hübsch und genau der Typ Frau, den du dir gut für
einsame Abende zu zweit vor dem Kamin vorstellen kannst,
kurz: Du bist Feuer und Flamme, sie ist in Gedanken und
blickt durch die Scheibe nach draußen, verträumt und halb
schlummernd, und du starrst sie an, aber nein, denkst du,
das kannst du ja jetzt auch nicht machen, sie so einfach an-
starren, wie armselig ist das denn, viel lieber greifst du auf
die gesellschaftlich akzeptierte Methode zurück, jemanden
im Zug heimlich zu beobachten, und fixierst euren Blickkreuzungspunkt in der Zugscheibe, eure Blicke treffen sich
und du drehst dich zu ihr und lächelst und sagst: „Hey, ich
bin Mischa", und sie lächelt zurück und sagt – nichts! Denn
du hast auch nichts gesagt, du hast es nur leise gedacht und
in Gedanken durchgespielt, nein, nein, so weit bist du nach
der letzten Abfuhr gestern Abend selbstbewusstseinstech-
nisch dann doch noch nicht, dass du jetzt schon hübsche
Mädchen im Zug anquatschst und so ganz ohne Alkohol

schon mal gar nicht, drei Euro für ein Warsteiner im Bordbistro sind wahrlich keine Starthilfe. Früher, als du jünger
warst, dachtest du, die Sache mit den Frauen würde ein-
facher, je älter man werde, aber je älter du wurdest, desto
schwieriger wurde es, ach, ist doch alles doof, denkst du,
und lässt Blickkreuzungspunkt Blickkreuzungspunkt sein
und widmest dich wieder deinem Magazin, schlägst es auf
und, oh mein Gott, es ist die *Sport Bild*, das darf doch wohl
nicht wahr sein, was mag dieses unfassbar schöne Mädel
von dir bloß denken, die *Sport Bild*, asozialer geht ja kaum
noch, dabei hattest du in der Bahnhofsbuchhandlung die
Zeit in der Hand gehabt, das wär's doch gewesen, die *Zeit*,
aber du dachtest, Scheiße, hab ich 'nen Kater, auf so ellen-
lange Dossiers über die Dürrekatastrophe im Sudan hab ich
jetzt erst recht keinen Nerv, lieber was Leichtes, dachtest du,
was Leichtes, das hast du jetzt davon, du sitzt vor diesem
Mädel, dieser aus allen Poren Intellekt triefenden Mischung
aus Katrin Bauerfeind und Karl Marx, und was liest du? Die
Sport Bild!

Du musst dich rehabilitieren, denkst du, rehabilitieren
ist das Stichwort, Klammer auf: Mann, die sieht ja mit jedem Blick besser aus, Klammer zu, irgendwas Intelligentes
sagen, ein intellektueller Einstieg, nicht zu seicht, aber doch
mit Anspruch, mit diesem gewissen Etwas, vielleicht ein
Bonmot, vielleicht etwas Witziges über die Deutsche Bahn,
aber nein, zu naheliegend und vorhersehbar, denkst du, ge-

nau wie die *Sport Bild*, die wird dich angucken und denken, ja, ja, kleiner dummer Prolljunge aus Ostwestfalen, das wird sie denken, oder vielleicht denkt sie auch gar nichts, ja, so wird es sein, noch eher wird sie dich gar nicht sehen, sie wird einfach zwei Stunden vor dir sitzen und dich gar nicht sehen und in Bielefeld am Bahnhof kurz mal aufschrecken, „Oh, gut, haben wir die ostwestfälische Hölle auch wieder hinter uns gebracht", aber dich sehen, nein, das wird sie nicht, aber du kannst es ihr nicht verübeln, du würdest dich vermutlich selbst auch nicht sehen. Vielleicht solltest du einfach mal auf dich aufmerksam machen, denkst du, im Sinne von „Da wir uns jetzt die nächsten zwei Stunden gegenübersitzen, dachte ich, ich stell mich mal vor", ja, das ist es, denkst du, genauso wirst du es machen, „Hallo", könntest du dann sagen, „ich bin Mischa, ich bin Poetry Slammer aus Bielefeld und schreibe Gedichte", genau das ist es, denkst du, welche Frau würde da nicht schwach, aber andererseits hast du gestern beim Slam einen ziemlich miesen Text über abgetrennte Gliedmaßen und erigierte Penisse gebracht und das Publikum hat die ironische Ebene nicht verstanden, vielleicht also besser dein Hobby nicht erwähnen.

Die *Sport Bild* hast du inzwischen unterm Sitz verschwinden lassen, genau wie deinen Text mit der ironischen Ebene, die du mittlerweile selbst nicht mehr verstehst, und du betrachtest deine Angebetete und denkst, wow, was für eine Frau, so etwas hast du schon lange nicht mehr gesehen, und was für ein Glück du hast, sie sitzt direkt vor dir, du müsstest nur zugreifen, oder besser, und geschickter, kurz anquatschen, du könntest ihr in ihre azurblauen Augen schauen, in ihnen versinken und ihr zu Herzen gehende Liebesschwüre ins Ohr flüstern, dabei über ihre Fingerkuppen streicheln und sie in den Arm nehmen und am besten alles gleichzeitig und im selben Moment. Prinzessin, denkst du, holdes Wesen aus einer anderen Welt, von einem anderen Stern, aus einem anderen Universum, du Schönheit jenseits des Bekannten, denkst du, du Kleinod der Begierde, in welch samtenem Licht du dieses Abteil erstrahlen und mich zu Boden fallen lässt, ich knie hier vor dir, armer Knecht, der ich bin, nimm mich, deinen treuen und ergebenen Diener, und schlage mich zum Ritter deines Herzens, denkst du, lass mich in dein Reich, deine Ländereien erobern, deine weiten Ebenen entlangreiten, durch deine Wälder mich kämpfen und deine Gebirge erklimmen, von dort oben jubilieren und frohlocken, ja – lass mich dein sein, denn du bist die Schönheit, in Ewigkeit, kurz: Willst du mich heiraten?

Und dann blickst du dich um, und verdammt, diesmal hast du es nicht nur gedacht, diesmal hast du es laut gedacht, du hast es herausgeschrien, du kniest vor ihr, das gesamte Abteil ist aufgestanden, schaut dir zu und harrt ihrer Antwort, und sie schaut dich an und sagt: Mama, sagt sie, und fünf Minuten später hast du eine Anzeige wegen Nötigung am Hals.

Und dann stehst du vor Gericht und die Richterin fragt dich, was das denn sollte und was dir überhaupt einfällt, ein sechzehnjähriges Mädchen zu belästigen, und du sagst: Sechzehn? Und noch mal, entsetzter: Sechzehn??! Und du dann, also, das habe ich wirklich nicht gewusst, die sind ja heutzutage geschminkt, sind die, die sehen schon mit 12 aus wie Audrey Hepburn, und überhaupt sind Mädchen heutzutage so jung schon sowas von körperlich entwickelt, das müsste verboten werden, das ist Vortäuschung falscher Tatsachen, Euer Ehren, unter uns: Glauben Sie nicht auch, dass das vom vielen Fastfood kommt?

Und Euer Ehren sagt, erstens heiße das „Frau Vorsitzende", zweitens, ob du dich wiederholen könntest, und du sagst: Jau. Und du wirst zusätzlich wegen Nötigung Minderjähriger verknackt, 500 Euro oder eine Woche Ordnungshaft und du sagst: Tja, das mit dem Geld, das sei momentan so eine Sache. Und dann sitzt du schon im Bus zur JVA, am Vierertisch, vor dir so eine Kante mit Stiernacken und Tattoos im Dutzend, und du schaust raus aus dem Fenster, es spiegelt sich, und dann kreuzen sich eure Blicke im Blickkreuzungspunkt, und er schaut dich direkt an, dieses Bild von einem Mann, und er lächelt und sagt: „Na, Süßer, wie wär's mit uns beiden?" Und du schaust ihn an und denkst: „Ein Königreich, ein Königreich für eine ironische Ebene ..."

Konrad Stöckel

Grube muss weg – her mit Stöckel!

Es war doch klar, dass Mehdorn das nicht schaffen würde! Wie konnte man die Leitung der Bahn nur dieser personifizierten Teilprivatisierung überlassen? Ein Massenbewegungs-Unternehmen mit so fetten Problemen braucht an der Spitze einen Mann von Gewicht. Ob Grube das hinkriegen wird? Also, mich wundert ja, dass ich nicht schon lange gefragt wurde. Deutschland fordert: Konrad Stöckel for Bahnchef! Warum? Erstens bin ich massiv gebaut (120 Kilo), hab viele Haare, bin schöner und kann noch röter im Gesicht werden als seinerzeit Mehdorn, wenn ich mich aufrege. Und zweitens habe ich mir einen todsicheren Masterplan für die Privatisierung zurechtgelegt.

Kommen wir gleich zur größten Problemzone: dem Speisewagen. Was dringend fehlt, ist ein großer Kühlschrank mit billiger Wurst. Es kann ja nicht angehen, dass man mit mickrigen Portionen abgespeist wird und dann noch beim Nachschlag geknausert wird. Nicht mit mir! Sollte der Einbau des Kühlschranks aus technischen Gründen nicht möglich sein, greift Plan B: Sämtliche Speisewagen werden von XXL-Hassan, meinem Lieblings-Dönermann, betrieben.

Und nun direkt zum anderen Ende der Nahrungskette:

den Klos. Selbstverständlich werden wieder die alten Modelle eingebaut, die nach dem Geschäft den freien Blick auf die Gleise erlauben. Mir gefällt der Gedanke, dass meine teuer bezahlten Speisen eines Tages als wertvoller Dünger Böschungsdisteln nähren. Hinterlassenschaft ist Landesrecht! Außerdem beschert das Verbot der Toilettenbenutzung im Bahnhof vielen Menschen wieder tiefe Glücksmomente. Die kollektive Erleichterung, wenn der Zug endlich wieder anrollt, ist besser als jedes Tor unserer Nationalelf.

Und wo wir gerade beim Thema gute alte Zeiten sind: Fenster können wieder geöffnet werden, das Herauslehnen bleibt verboten – aber jeder macht's trotzdem. Allein der Nervenkitzel, ob weiter vorn gerade die Toilette benutzt wird, erspart manch teuren Bungee-Sprung. Übrigens müssten die Fenster schon wegen der Raucher offen bleiben. Wer kam überhaupt auf die absurde Idee, das Qualmen in der Bahn zu verbieten? Die Diesel-Lok vorn hat nicht mal einen Rußfilter und ich soll mir ein Nikotinpflaster an die Backe tackern, oder was?

Vor der Durchsetzung meiner nächsten Ideen werde ich vielleicht eine Expertenkommission einberufen oder meinen Kumpel Jan mal beim Bier fragen:

• Grölende Bundeswehrsoldaten dürfen am Wochenende nur noch mitfahren, wenn sie andere Fahrgäste kostenlos mitsaufen lassen.

• Männer und Frauen bekommen aus politisch korrekten Gründen getrennte Waggons. So werden Frauen nicht von den Pin-ups an den Wänden der Männerwaggons belästigt – und Männer werden nicht neidisch beim Anblick der Konrad-Stöckel-nackich-Bilder in den Mädels-Wagen.

• Kinderreiche Familien werden grundsätzlich zu den Business-Reisenden gesetzt, um deren Handy-Telefonate etwas aufzulockern.

• Auf der Strecke Hamburg–München fahren nur noch Bummelzüge. Deutschland ist landschaftlich einfach zu schön für unnötige Hektik.

So. Nachdem ihr wisst, was ich will, ruft schnell bei der Bahn an und votet mich ins Finale. Die Zeit drängt! Die Bahn kommt! Der Stöckel bringt's!

Martina Brandl

Stubenhocker

Wahrscheinlich bin ich zu pessimistisch zum Verreisen.
Meiner Meinung nach gibt es auf der Welt genügend Fern-
wehkranke mit Hummeln im Arsch, die, von steter Unruhe
getrieben, sich in alle Welt aufmachen, um ihre Neugier zu
stillen, ihren Horizont zu erweitern, den Tag zu pflücken
und ihrem tief verwurzelten Entdeckerdrang zu frönen. Ich
bin ein Zuhausebleiber. Wenn ich wider meine Natur verreisen muss, ziehe ich Komplikationen an, weil ich reisen
kompliziert finde. Für mich ist jeder Online-Zug-Ticket-
Kauf im Internet eine Tortur, weil ich vorher schon weiß,
dass mir dabei fünfmal der Rechner abstürzen wird und ich
am Ende das Ticket für fünfzehn Euro umtauschen werde,
weil ich mich beim Datum vertippt habe, als ich das Formu-
lar zum sechsten Mal ausfüllen musste.

Andere Leute fliegen mit 300 Euro in der Tasche und
gänzlich ohne Vorplanung oder Fremdsprachenkenntnisse
nach Nepal und finden das furchtbar einfach. Und auf jede
einzelne der schrecklichen Eventualitäten, die man ihnen
aufzählt, wie „Wo wirst du schlafen? Was wirst du essen?
Wie lernst du so schnell Nepalesisch?", antworten sie mit
einem strahlenden: „Das geht dann schon irgendwie!"

Meine Schwester zum Beispiel lässt sich niemals durch irgend etwas aufhalten, weil sie nichts, das sich ihr in den Weg stellt, als Hindernis anerkennt. So einfach ist das.

Einmal, nach meinem alljährlichen Pflichtbesuch in der Heimat, standen wir beide auf dem Bahnsteig in Geislingen an der Steige und waren glücklich. Sie, weil sie es geschafft hatte, werktagabends um zehn auf dem Dorf nicht nur einen Ersatzreifen aufzutreiben, sondern ihn auch noch zu montieren; und das alles in weniger als sechs Minuten, so dass wir es noch rechtzeitig in die Stadt zum Bahnhof geschafft hatten. Und ich, weil wir es noch rechtzeitig zum Bahnhof geschafft hatten. Es war sogar noch Zeit für eine letzte gemeinsame Zigarette und ein ausführliches „Mach's gut, grüß mir Berlin und melde dich mal."

Wir schwiegen.

Es war überhaupt ziemlich ruhig auf dem menschenverlassenen Bahnsteig. ‚Schade', dachte ich, ‚dass heute keine Durchsagen kommen.' Meine Heimatstadt hatte damals nämlich den depressivsten Bahnhofsansager Deutschlands. Jedes Mal, wenn ich dort aus dem Zug stieg, hielt ich kurz inne und lauschte andächtig seinem bar jeder Hoffnung, mit einer ins Bodenlose absinkenden Satzmelodie, ins Mikrofon geseufzten „Geislingen Steige, hier Geislingen Steige", und dann lächelte ich, weil ich wusste, in ein paar Tagen würde mich der gutmütige Bruder Gegenzug wieder von da wegbringen.

An diesem Abend aber schien Herr Geislingensteige freizuhaben. Mein Zug war schon drei Minuten überfällig, und er hatte nichts durchgesagt. Ob er es einfach nicht mehr ausgehalten und sich vor den Regional-Express Göppingen–Ulm geworfen hatte? Nach zehn Minuten beschloss meine Schwester, den Fahrplan zu checken und fand heraus, dass der kleine rote Vermerk So für Sonntag stand. Das hatte ich natürlich auch bemerkt, aber ich wollte ja nicht am Sonntag fahren. Was ich nicht in Erwägung gezogen hatte war, dass es Bummelzüge gibt, die ausschließlich sonntagabends fahren. Ich fing an, einen mittelschweren Nervenzusammenbruch zu entwickeln, während meine Schwester überschlug, wieviel Zeit uns noch blieb und wie hoch unsere durchschnittliche Geschwindigkeit unter Berücksichtigung der Wetterverhältnisse und des notdürftig montierten Ersatzreifens sein müsste, um den Anschlusszug in Stuttgart noch mit dem Auto zu erwischen. Dann sagte sie bedächtig: „Es gibt nur eine Möglichkeit: Wir müssen den Eurocity Paris–München anhalten, dann kannst du in Augsburg zusteigen."

Sie setzte sich in Bewegung Richtung Bahnhofsgebäude, während ich hinterhertrottete und jammerte: „Vergiss es! Der Eurocity hält nicht in Geislingen. Ich bin verloren!"

Meine Schwester betrat den muffigen Kontrollraum und trat vor den Schreibtisch, hinter dem der depressive Bahnhofsvorsteher saß. Er war nicht viel älter als wir, und trotzdem schien sein Gesichtsausdruck zu sagen: „Ich stehe auf. Ich gehe zur Arbeit. Ich sage Züge an. Ich lege mich schlafen. Und daran wird sich nichts mehr ändern, bis ich in Rente gehe." Er sah müde aus. Meine Schwester ließ ihm endlose zehn Sekunden Zeit, uns zu betrachten. Dann machte sie ein einfältiges Gesicht und sagte: „Wir haben uns im Zug geirrt und meine Schwester muss in Stuttgart den ICE nach Berlin erreichen. Was sollen wir jetzt machen?"

Er sagte: „Es gibt nur eine Möglichkeit: Wir müssen den Eurocity Paris–München anhalten, dann kann sie in Augsburg zusteigen."

Und genauso geschah es. Der Bahnhofsvorsteher erwachte wie aus einem Dornröschenschlaf und setzte alle ihm verfügbaren Hebel in Bewegung, um uns zu helfen. Er konstruierte einen außerbetrieblichen Halt des Eurocity Paris–München in Geislingen. Sowas ist illegal und kostet einen Haufen Geld, und er genoss es. Drei glückliche Menschen standen in dieser Nacht auf einem verlassenen Bahnhof in der Provinz und es war alles so einfach gewesen.

In Berlin angekommen, beschloss ich, das Dazugelernte anzuwenden. Als der große Gelbe an der Haltestelle seine Türen vor mir öffnete, machte ich runde Augen und sagte: „Ich möchte einen Einzelfahrschein, aber ich hab nur einen 50-Euro-Schein. Was soll ich jetzt machen?"

„Wechseln jehn oder loofen", schnauzte der Busfahrer, schloss die Türen und fuhr davon.

Ich bin zu kompliziert fürs Reisen.

Murat Topal

Erst einsteigen lassen!

Ja, auch ich bin leidgeprüfter Bahn-Vielfahrer und hatte schon sehr oft viel Freude an unverständlichen Durchsagen (von denen in englischer Sprache ganz zu schweigen), überforderten Zugbegleitern, total abgefahrenen Anschlusszügen, plötzlich aus dem Nichts auftauchenden Baustellen, Signalstörungen, Verzögerungen im Betriebsablauf, Spontandurchsagen über heute in umgekehrter Wagenreihung verkehrende Züge und, und, und ...

Aber nicht nur die Bahn und ihre Mitarbeiter tragen zur Unterhaltung bei – auch die Bahnreisenden legen oft recht drollige Verhaltensmuster an den Tag. Sie sollen hier einmal in Wort und Bild gewürdigt werden.

Irgendeine geheimnisvolle Macht sorgt dafür, dass praktisch alle Reisenden sich lange im Voraus auf eine einzige Tür festlegen und beschließen, für ihren Einstieg auf gar keinen Fall eine andere Tür zu nutzen.

Wenn der Zug einfährt und wie immer an einer ganz anderen Stelle zum Stehen kommt als im (komplett sinnlosen und irreführenden) „Wagenstandsanzeiger" auf dem Bahnsteig angegeben, setzt ein grandioses Schauspiel ein:

Der Zug fährt an den wartenden Leuten vorbei, die Leute hängen sich mit dem Blick an die zuvor fixierte Tür und beginnen – unter dem Einfluss eines gewissen Herdentriebs – kollektiv mit Sack und Pack der Tür hinterherzulaufen und alles und jeden im Weg Befindlichen gnadenlos umzunieten.

Der sicherste Platz, um dieses Schauspiel zu genießen, ist im Zug. Ich fühle mich dann immer an die Zoobesuche in meiner Kindheit erinnert, genauer gesagt an die Robbenfütterung. So, denke ich mir, muss sich der Tierpfleger also fühlen, wenn er mit seinem Fischeimer ins Gehege kommt und ihm die Robben mit ihren gierigen Blicken aufgeregt hinterherhecheln und -watscheln. Fehlt eigentlich nur noch das heisere Bellen.

Blöd ist nur, wenn man aussteigen will und genau die Tür, durch die man rauswill, die von der Herde auserwählte ist. Da steht man dann vor einer dichtgedrängten, zur Erstürmung des Zugs entschlossenen Meute. Ihre Mitglieder

scheinen einen nicht wahrzunehmen, fangen sie doch an, sich hektisch in den Zug zu quetschen, noch bevor man selbst nur einen Fuß auf die Fluchttreppe gesetzt hat.

Schon oft habe ich mir in diesen Momenten ausgemalt, mit einer Maschinengewehr-Attrappe herumzufuchteln und ganz freundlich zu flüstern: „Könnten Sie bitte eine Gasse bilden?"

Nur so aus Spaß ...

PAUSENZEIT

Das aktuelle Gesundheitsmagazin

Fragen an Frau EMMI
und Herrn Willnowsky

Emmi & Herr Willnowsky spielen seit zehn Jahren auf deutschen Bühnen von Hamburg (Schmidt Theater) über Berlin (Quatsch Comedy Club) bis Koblenz (Café Hahn). Emmi ist eine Dame unbestimmten Alters, ihres Zeichens Kammersängerin, Herr Willnowsky ihr klavierspielender exilrussischer Ehemann. Der das Deutsche radebrechende kleine Mann mit einer Vorliebe für Herrenwitze hat keinen Führerschein, seine Frau musste, schenkt man den Gerüchten Glauben, ihren Führerschein bei den Nürnberger Prozessen abgeben. So legt das sich in Hassliebe verbundene Pärchen alle Strecken zu den Bühnen dieser Welt mit der Bahn zurück. Ende letzten Jahres haben sie sich als Probanden für ein neues Präparat gegen Reiseunwohlbeisein eines großen internationalen Pharmakonzerns zur Verfügung gestellt. Bei dieser Gelegenheit entstand ein Interview für die *Apotheken-Rundschau Pausenzeit: Das aktuelle Gesundheitsmagazin*, das wir hier mit freundlicher Genehmigung abdrucken.

Sie leben in Berlin. Mögen Sie den neuen Berliner Hauptbahnhof?

Emmi: Ja. Sehr gerne, er erinnert mich sehr an die schönen großen Gebäude, die Albert Speer in meiner Jugendzeit entworfen hat. Gute deutsche Wertarbeit ist das natürlich nicht – es fällt ja alle paar Wochen etwas ab. Leider hat keines der herunterfallenden Teile meinen Mann getroffen. Vor zwei Jahren ist ihm allerdings mal ein Taschentuch auf den Kopf gefallen – seitdem hat er einen Gehirnschaden.

Haben Sie selbst schon Verspätungen oder Zugunglücke verursacht?

Herr Willnowsky: Ich nicht, meine Frau sehr oft. Emmi ist so hässlich, dass das Aufsichtspersonal immer die Überwachungskameras auf dem Bahnsteig ausschaltet. Abfertigung dauert dann natürlich viel zu lang und Zug ganz zu spät. Meine Frau ist aber auch schon einmal hängen geblieben, mit künstliche Hüfte in Zugtür. Die Regionalbahn hat sie dann bis Elmshorn mitgeschleift. War gutes Peeling für ihre Orangenhaut.

Welche Züge der Deutschen Bahn nutzen Sie?

Herr Willnowsky: Wir fahren in jedem Zug: Regional-Expresso, -Cappuccino und -Latte Macchiato. Und natürlich nehmen wir oft InContinenz-Express (ICE), damit von meiner Frau nichts durchsickert!

Nutzen Sie die Bordrestaurants und Bistros in den Zügen?

Emmi: Nein. Die Mitreisenden sind auf Grund des lauwarmen und teuren Kaffees nie besonders guter Laune. Ich bin ja immer auf der Suche nach netten männlichen Bekanntschaften.

Herr Willnowsky: Als wir waren letztes Mal in ein Bordbistro, hat sich meine Frau mehrmals umgesetzt – erst auf dem fünften Platz wurde sie belästigt.

Sind Sie zufrieden mit dem Bahnpersonal?

Emmi: Nun ja. Das Bahnpersonal tut alles, was es kann. Das macht mir immer Angst.

Warum sind Sie so oft mit der Deutschen Bahn unterwegs?

Emmi: Ich selbst habe keinen Führerschein mehr und Herr Willnowsky hat den Idiotentest nicht bestanden. Dafür hat er sich zum letzten Geburtstag ein Fahrrad mit Klimaanlage gewünscht.

PAUSENZEIT – Nimm dir Gesundheit mit auf den Weg!

Sind Sie schon einmal mit der „Transsibirischen" gefahren?
Herr Willnowsky: Transsibirische? So heißt bei uns der Bürgermeister von Wladiwostok. Der hat sich zu Frau umoperieren lassen. Nein! Zu dem Typen steig ich nicht ins Auto!

Empfinden Sie Bahnfahren als Erlebnis?
Emmi: Bahnfahren war in meiner Jugendzeit ein Erlebnis. Mit der Dampflok war man schließlich ewig unterwegs und die Holzbänke waren auf die Dauer doch sehr unkomfortabel. In Herrn Willnowskys Heimat Russland ist Bahnfahren hingegen lebensgefährlich. Aber sein kleines sibirisches Heimatdorf ist sehr arm. Die Müllabfuhr ist dort immer zweimal in der Woche gekommen – zum Ausliefern. An eine Bahnanbindung war infolgedessen gar nicht zu denken. Als Herr Willnowsky zum ersten Mal eine Straßenbahn in Berlin gesehen hat, war das für ihn so wie für mich, als ich zum ersten Mal Ottfried Fischer begegnet bin. Wir hatten beide den Eindruck, die Außerirdischen hätten Besitz von der Erde ergriffen.

"Ich bin ja immer auf der Suche nach netten männlichen Bekanntschaften"

Sind Sie mit den Ansagen auf den Bahnsteigen zufrieden?
Emmi: Ich bin sehr glücklich darüber, dass es bei der Deutschen Bahn die Ansage „Zurückbleiben, bitte!" nicht gibt. Herr Willnowsky hat das immer als persönliche Aufforderung aufgefasst, seine geistigen Fähigkeiten noch mehr einzuschränken.

Und mit den Ansagen in den Zügen?
Herr Willnowsky: Ich finde, Ansagen sollten sein wie in Flugzeug: „Sehr geehrte Damen und Herren! In wenigen Tagen erreichen wir Stuttgart Hauptbahnhof. Im unwahrscheinlichen Fall einer pünktlichen Ankunft fallen automatisch Champagnerflaschen von der Decke."

Ziehen Sie diese zu sich heran und nehmen Sie ruhige und gleichmäßige Schlucke. Danach helfen Sie mitreisenden Teenagern, sich ins Koma zu saufen."

"Im unwahrscheinlichen Fall einer pünktlichen Ankunft fallen automatisch Champagnerflaschen von der Decke"

Wie empfinden Sie das Preis-Leistungs-Verhältnis?
Emmi: Hervorragend! Zum Beispiel sind die Durchsagen in den Zügen richtig gute Comedy, sowohl was die grammatikalische Struktur der Sätze betrifft, als auch die Aussprache des Englischen. Vor jedem Haltebahnhof gibt es also richtig viel zu lachen – das kann man gar nicht mit Geld aufwiegen. Herr Willnowsky tickt da ganz anders. Er findet, dass eine Pizza für 10 Euro, die in sechs Teile geschnitten ist, günstiger ist als eine Pizza für 10 Euro, welche nur in 4 Teile geschnitten wurde.

Kennen Sie den Bahnchef Grube?
Nein, aber es spricht für ihn, daß er noch nicht durch Entgleisungen aufgefallen ist wie sein Vorgänger.

Wir wollen das Gespräch langsam ausklingen lassen. Vielleicht auf einer heiteren Note. Sind Sie mal Zeuge einer lustigen Begebenheit im Zug geworden, Herr Willnowsky?
Herr Willnowsky: Bei uns mal saßen ein Mann und eine Frau aus Großbritannien im Abteil. Plötzlich sagte Mann zu Frau: „Excuse me, darf ich Ihnen meinen 'Playboy' zeigen?" Darauf sagte sie: „No, thank you. Ich habe gerade meine 'Times'!"

Wir danken für das Interview. Gute Reise!

Rainald Grebe

ICE

Ich sitz im ICE seit so vielen Jahren,
draußen wird die Landschaft vorbeigefahren.
Und schon wieder fährt vorbei dieses Bielefeld,
das sieht immer noch so aus wie nicht bestellt.
Ja wir fahrn, wir fahrn, ja wir fahrn, ja wir fahrn …
Ja wir fahrn, wir fahrn, ja wir fahrn, ja wir fahrn …

Im Bistro sitzt einer vor seinem Bier,
der saß doch schon letzte Woche hier.
Das ist der Lokführer, und er heißt Horst,
letzte Woche wurde er outgesourct.
Ja wir fahrn, wir fahrn, ja wir fahrn, ja wir fahrn…
Ja wir fahrn, wir fahrn, ja wir fahrn, ja wir fahrn…

Im Zug ist eine Zeitschrift, die heißt mobil.
Das ist glatt gelogen, hier bewegt sich nicht viel.
Sabine Christiansen macht die Welt nicht klarer,
die Wahrheit sagt dir jeder Taxifahrer.
Ja wir fahrn, fahrn, fahrn, fahrn, fahrn, fahrn …
Fahrn, fahrn, fahrn, fahrn, fahrn, ja wir fahrn …

Das neue Jahr, das neue Jahr,
ist jetzt schon so toll, wie das alte war.
Vom Wackelelvis nen schönen Gruß,
alle Mädels ausm Osten haben Arschtattoos.
Ja wir fahrn, wir fahrn, ja wir fahrn, ja wir fahrn …
Ja wir fahrn, wir fahrn, ja wir fahrn, ja wir fahrn …

Alle schreien in die Handys, dass es jeder versteht.
Wir sitzen im Zug, und wir kommen zu spät.
Wo bleibt denn jetzt das Wachstum?, fragt der Liliputaner,
ich würd ja gerne, doch bei mir tut sich gar nichts.
Ja wir fahrn, wir fahrn, ja wir fahrn, ja wir fahrn…
Ja wir fahrn, wir fahrn, ja wir fahrn, ja wir fahrn…

Im Zug ist eine Zeitschrift, die heißt mobil.
Das ist glatt gelogen, hier bewegt sich nicht viel.
Eine lange Pubertät kostet sehr viel Geld,
sagt Iggy Pop zu seinem Sauerstoffzelt.
Ja wir fahrn, fahrn, fahrn, fahrn, fahrn, fahrn …
Fahrn, fahrn, fahrn, fahrn, fahrn, ja wir fahrn …

Es ist immer noch dieselbe Geschichte.
Es ist immer noch dieselbe Welt.
Wir müssten doch längst in Hannover sein,
aber draußen ist noch immer dieses Bielefeld.
Ja wir fahrn, wir fahrn, wir fahrn …
Ja wir fahrn, ja wir fahrn, ja wir fahrn, wir fahrn, ja wir
fahrn …

(Musik: Rainald Grebe und die Kapelle der Versöhnung)

Erwin Grosche

Der Abschiednehmer

Der Hauptbahnhof in Paderborn ist vor allen Dingen klein. Wenn man ihn betritt, steht man fast schon auf Gleis 1. Natürlich kann man auch kleine Bahnhöfe so gestalten, dass der wartende Zugfahrgast sein Warten nicht als Pein empfindet. Leider konnte der Paderborner Bahnhof über Jahre hinweg die Aufgaben eines gepflegten und gastlichen Bahnhofes nicht erfüllen. Es gab eine Zeit, da beschwerten sich Angekommene über ihn. Leserbriefe in Zeitungen schilderten von traumatischen Erlebnissen an diesem Ort. Die Toilettenbenutzung war zu teuer, und es gab keinen Platz, wo man sich aufhalten und warten konnte. Das einzig Normale war der niedliche Punk, der vor dem Haupteingang stand und alle Vorübereilenden um einen Euro anschnorrte.

Das hat sich nun geändert. Eine kleine McDonald's-Filiale ist nun im Raum der lange leerstehenden Bahnhofsgaststätte, und eine Bäckereikettenbäckerei bietet Platz, um kleine Speisen oder einen Kaffee zu sich zu nehmen.

Hier traf ich Friederich Rupitz. Er war mir aufgefallen, weil er im neuen bahn.bonus-Prämienheft der Bundesbahn erwähnt wurde. Am bahn.bonus-Prämienprogramm konnten Inhaber einer gültigen BahnCard, JahresCard mit bahn.

comfort-Status oder BonusCard Business teilnehmen. Für die BahnCard-Jahresgebühr und für jeden Fahrkartenkauf mit BahnCard-Rabatt (Mindestwert von 5,- Euro) wird dann für jeden Euro ein bahn.bonus-Punkt gutgeschrieben. 1. Klasse-Kunden wie ich erhalten sogar 1,5 bahn.bonus-Punkte für jeden Euro. Die gesammelten Punkte konnte man dann für eine Mitfahrer-Freifahrt oder einen Genuss-gutschein für das BordRestaurant einsetzen.

Ich lebe allein und habe mein Geld gut angelegt, sodass ich weder den einen noch den anderen Vorteil ausnutzen wollte. Unter den neuen bahn.bonus-Prämien ab 1.12.2007 tauchte aber auch der Name von Friederich Rupitz auf. Er war Abschiednehmer. Er stand in Paderborn am Bahnhof und winkte Alleinreisenden nach. Das machte mich neu-gierig. Sollte der kleine ostwestfälische Bahnhof etwas ge-funden haben, das seinen ramponierten Ruf auffrischen würde?

Ich fahre oft am Wochenende zu meiner Mutter nach Hamm. Sie lebt dort in einem Heim und freut sich über meinen Besuch, obwohl sie nicht mehr weiß, wer ich bin. „Ich bin es doch, Hugo", sage ich oft zu ihr, „dein einziger Sohn."

Mein Zug fährt um 9:51. Ich stehe oft allein in der Hal-le und beneide alle, die sich umarmen und küssen können. Hier käme mir ein Abschiednehmer gerade recht.

Ich rief Herrn Rupitz an und war gespannt, wer sich hinter dem wohlklingenden Namen verbergen wird.

„Rupitz, Friederich", sagte er. „Sie gehen, ich bleibe."

„Sie sind der Abschiednehmer?", fragte ich.

„Ja", sagte er, „wenn Sie mich brauchen, dann komme ich."

Wir verabredeten uns. Wir wollten uns im hinteren Bereich der Kettenbäckerei Lange treffen.

„Ich komme gerne früh und gehe dann lieber eher", sagte ich.

„Kein Problem", sagte er. „Verlassen Sie sich einfach auf mich. Ich weiß, wie man auseinandergeht."

Es war an einem Sonntag im Februar. Draußen war es so überraschend kalt geworden, dass alle über das Wetter sprachen. Ich saß schon im hinteren Teil des Bahnhofscafés, als ich Herrn Rupitz auf mich zukommen sah. Ich erkannte ihn sofort. Friederich Rupitz war ein großer Mann, der dichtes schwarzes Haar hatte. Er trug einen grauen Anzug mit weißem Hemd und hatte einen rotweiß karierten Schlips um, der auch das verabredete Erkennungszeichen war.

Wir drückten uns die Hand, als wären wir alte Bekannte.

Herr Rupitz zog sich dafür seine Lederhandschuhe aus und seine Hände waren warm und wohlgeformt.

„Mein Name ist Rupitz", sagte er. „Sie gehen, ich bleibe."

Ich bat ihn, sich zu setzen. Er lehnte eine Mappe, die er um die Schulter gebunden hatte, an seinen Stuhl.

„Entschuldigung", sagte er. „In der Mappe ist eine Tafel, die ich manchmal bei meiner Arbeit als Abschiednehmer einsetze."

„Eine Tafel, auf der man mit Kreide etwas schreiben kann?", fragte ich.

„Genau", sagte er, „aber das muss Sie nicht belasten. Jetzt haben wir uns erst mal gefunden, das ist das Wichtigste."

Mein Zug fuhr erst in 21 Minuten – und auch das nur, falls er pünktlich sein sollte.

„Sie brauchen mich nachher nicht zum Gleis zu begleiten", sagte ich.

Er lächelte, nahm seine randlose Brille ab und wischte die Gläser mit einem Tuch sauber.

„Es ist kalt draußen", sagte er.

Ich wusste nicht, ob sich dies auf seine beschlagene Brille bezog oder auf den Umstand, dass niemand alleine bei diesem Wetter auf einem Bahngleis stehen sollte. Wir schauten uns an und sagten nichts.

„Wohnen Sie gerne in dieser Stadt?", fragte er schließlich.

Ich nickte sofort. Ich war überzeugter Kleinstädter. Paderborn war so herrlich unaufregend. Ich mochte meine Ruhe hier. Ich mochte mein kleines beschauliches Leben. Sicher, ich lebte alleine und hatte auch keinen engeren Freundeskreis vorzuweisen, aber ich fühlte mich trotzdem in der Stadt zu Hause und als ein Teil einer Gemeinschaft, die beschlossen hatte, miteinander alt zu werden, ohne sich gegenseitig auf die Nerven zu gehen.

„Verabschieden Sie sich oft?", fragte ich ihn.

Er lächelte wieder und schaute sich um.

„Ach ja", sagte er plötzlich, „man muss hier ja seinen Kaffee selbst holen. Ich vergesse das immer."

Er stand auf und reihte sich an der Verkaufstheke in die Schlange ein. Es war Sonntag, und viele besuchten den Bahnhof, um sich hier frische Brötchen zu holen. Endlich wurde Herr Rupitz bedient und kam mit einem großen Becher Kaffee zu unserem Tisch.

„Entschuldigen Sie", sagte er. „Wie war nochmal die Frage?"

Er trank von seinem Kaffee. Mir fiel auf, dass er dabei die Augen schloss. Ich war auf meinem Plastikstuhl ein wenig eingesackt und richtete mich wieder auf.

„Ich wollte fragen", formulierte ich nochmal, „ob Sie als Abschiednehmer oft gebraucht werden."

Er drehte seinen Kopf über seinen Schultern, als quälten ihn Verspannungen, die er so lösen wollte.

„Einmal fiel mir auf, wie schwer Menschen sich von ihrer Heimatstadt trennen können", sagte er dabei. „Sie rollen ihre Koffer hin und her und zögern den Augenblick der Abfahrt so weit wie möglich hinaus. Manche ziehen sich eine Caprisonne aus einem Süßigkeitenspender und saugen lustlos an dem Strohhalm. Jeder braucht etwas, an das er sich halten kann."

Ich nickte, sagte aber nichts. Wie Recht Herr Rupitz hatte. Ich kenne das. Ein Bahnhof ist ein Niemandsland.

Wie seltsam, dort allein zu sein. Man fühlt sich so wehrlos seinen Gefühlen ausgeliefert. Wer steigt schon gerne in ein Zugabteil, ohne diesen Umstand durch eine launige Reaktion zu entwerten?

Bahnfahren ist nur mit Humor zu ertragen. Man braucht einen Menschen neben sich, dem man beweisen kann, wie überlegen man in diesem Augenblick ist.

Der Abschiednehmer nahm seine Uhr ab und legte sie auf den Tisch. Er wollte die Zeit im Auge behalten, damit wir uns nicht bei wichtigen Gesprächsthemen verloren. Er ist Profi, dachte ich, das spürt man gleich.

„Der Abschiednehmer steht am Bahnhof und hilft beim Abschiednehmen", erklärte mir Herr Rupitz seinen Beruf. „Jemand fährt fort und ich rufe: Komm bald wieder. Ich hab dich gern. Leben ohne dich ist langweilig. Ich halte deinen Platz frei, solang du fort bist. Das ist doch schön, oder?"

„Das ist schön", sagte ich. „Schön und tröstlich."

Wir tranken unseren Kaffee. Wir schwiegen und fieberten dem Augenblick entgegen, an dem wir uns wieder trennen mussten.

Eine ältere Frau trat an unseren Tisch. Sie zog einen Koffer hinter sich her, der quietschte wie ein kleiner Hund. Sie zögerte mit ihrer Frage, obwohl man schon sah, dass sie sie stellen würde.

„Entschuldigen Sie, Sie sind doch der Abschiednehmer, oder?", fragte sie schließlich.

Herr Rupitz stand auf, hob seinen Hut und grüßte.

„Rupitz, Friederich", sagte er. „Sie gehen, ich bleibe."

Die Frau lächelte.

„Entschuldigen Sie bitte nochmal die Störung", sagte sie. „Ich sammle wieder neue bahn.bonus-Punkte, damit wir uns bald wieder trennen können. Sie haben mir so gut getan."

Herr Rupitz setzte sich und schaute zu mir. Die Frau neigte ihren Kopf und zog sich demutsvoll in die Bahnhofshalle zurück.

„Ich kam zu ihr mit einer kleinen A-cappella-Gruppe. Wir sangen ein Abschiedslied. Es war alles sehr rührend", sagte er.

„Eine A-cappella-Gruppe?", fragte ich erstaunt.

„Ja", sagte Herr Rupitz lächelnd, „ab 10.000 bahn.bonus-Punkte kann man mich mit einer A-cappella-Gruppe mieten. Übrigens komme ich ab 12.000 Punkte auch mit Blasorchester."

Wir lachten. Herr Rupitz trommelte mit seinen Fingern auf den Tisch. Er stand auf. Es war Zeit zu gehen. Er hängte sich seine Mappe um und ging hinter mir her.

„Sie kommen also wirklich mit?", fragte ich.

„Nur, wenn Sie das wollen", sagte er.

Ich wollte, dass er mir nachsah. Es tat mir gut, ihn in meiner Nähe zu wissen. Er fragte, ob er meine Reisetasche tragen solle, dies verneinte ich jedoch entschieden. Sobald wir das Gleis betraten, froren wir. Es war kalt. Der Zug stand schon da, und die Menschen, die bereits in ihm Platz genommen hatten, sahen einsam aus. Um uns herum halfen Männer Frauen in den Zug, andere umarmten sich oder weinten schon vor der Abfahrt. Ich zögerte den Augenblick des Abschiednehmens hinaus. So muss sich jemand fühlen, der sich wirklich nicht gerne von einem Ort entfernt, dachte ich überrascht. Ich wusste nicht, ob ich Herrn Rupitz umarmen wollte. Er war mir sympathisch, aber im Grunde kannten wir uns nicht und taten nur so, als ob wir uns vermissen würden. Ich fragte mich, was er noch alles in seiner Mappe bei sich trug. Als ich mich noch einmal bei einem Mitarbeiter der Bahn erkundigte, ob dies auch wirklich der Gleisabschnitt war, in dem der Zug nach Hamm abfahren würde, sah ich, dass er seine Mappe öffnete. Ich konnte einen Blick auf einen Plastikblumenstrauß erhaschen. Er holte eine Broschüre heraus, welche er mir entgegenhielt.

„Das ist für Sie", sagte er.

Ich wurde rot. Das Geschenk machte mich verlegen. Er drückte mir die Broschüre in die Hand. Es war das Infoheft der Deutschen Bundesbahn: „Städteverbindungen Paderborn".

Ich war gerührt und blätterte in der Broschüre.

„Danke", sagte ich. „Dieses Buch ist zurzeit vergriffen."

„Es ist nur eine Reiselektüre", flüsterte er. „Das ist nichts Besonderes."

Ich umarmte Herrn Rupitz. Als ich mir dessen bewusst

wurde, ließ ich ihn langsam wieder los. Ich schaute ihn an. Er schien nicht verwundert zu sein.

„Tut mir leid", flüsterte ich.

„Das ist nicht schlimm", murmelte er. „Verabschieden ist nicht einfach. Da muss man auf sein Herz hören."

Ich stieg in den Zug. Ich stand noch in der Tür, als wir uns zum Abschied die Hand reichten. Ich ging in das Abteil. Herr Rupitz ging mit. Er ging auf dem Bahnsteig am Zug vorbei, ich nahm den Gang durch die Abteile. Endlich fand ich meinen Platz und wollte dort das Fenster öffnen. Es klemmte. Ich schaute nach draußen und zuckte mit den Schultern. Herr Rupitz lächelte. Er holte aus seiner Mappe seine Tafel und schrieb darauf: „Zugfenster klemmen immer."

Wir lachten. Er ist wirklich einzigartig, dachte ich. Ein Abschiedsprofi, der auf alle Umstände eingestellt ist.

Wir nickten uns zu. Er wischte seine Tafel wieder sauber und schrieb erneut mit der Kreide: „Soll ich Sie heute Abend abholen?" Ich wusste nicht, was ich sagen sollte. Ich wusste auch nicht, ob ich genug bahn.bonus-Punkte gesammelt hatte, um mir dieses Extra leisten zu können. Ich nickte schließlich.

„Dann komme ich", rief er mir zu. „Ich kann nicht nur verabschieden, ich kann auch gut empfangen."

Ich formte mit meinem Mund das Wort „Danke", hauchte an die Scheibe und malte darin ein Herz.

Der Zug fuhr an. Ich sah, dass Herr Rupitz ein Taschentuch aus seiner Jacke zog. Ich dachte erst, er wollte wieder seine Brille reinigen, als er mir damit hinterherwinkte. So ein perfekter Kerl, dachte ich. Ich musste weinen. So schwer war mir ein Abschied noch nie gefallen. Ich riss an dem Zugfenster, welches sich plötzlich wie von selbst nach unten schob. Ich hörte Herrn Rupitz rufen: „Komm bald wieder. Ich hab dich gern. Leben ohne dich ist langweilig. Ich halte deinen Platz frei, solange du fort bist."

Ich schüttelte gerührt den Kopf und zog meine Nase hoch. So sollte ein Abschied sein, dachte ich, dann kommt man auch gerne wieder. Ich war stolz in einer Stadt zu leben, die einen eigenen Abschiednehmer anbieten konnte. Ich freute mich schon darauf wiederzukommen. Ich nahm mir vor, Herrn Rupitz zum Essen einzuladen.

Lisa Politt

1000 gute Gründe, keinen Zug zu besteigen

Ich weiß: Ich sollte mit der Bahn fahren. Gerade in meinem Job als vielreisende Kabarettistin. Wegen der Umwelt. Warum ich es grundsätzlich nicht tue, dafür möchte ich im Folgenden gern alle Gründe aufzählen, die mir auch nur irgendwie als Entschuldigung dienen könnten:

Ich war früher sogenannte „Fahrschülerin", musste also allmorgendlich mit dem Zug oder dem Bus ins 10 km entfernte Gymnasium fahren, wo ich ja eigentlich sowieso nicht hinwollte. Einmal musste ich jedoch pünktlich dort sein – keine Ahnung, möglicherweise hatte es irgendwas mit Haschisch zu tun, vielleicht war ich auch verliebt und wollte das Objekt meiner Begierde am Schuleingang abpassen – ich weiß es wirklich nicht mehr. Das Ganze ist schließlich schon so 30 bis 40 Jahre her. Jedenfalls war ich schon damals erklärte Sport-Hasserin, war aber zu spät dran und wollte den Zug nicht verpassen, habe also versucht zu rennen. Dabei bin ich fast hingefallen. So. Das war's dann ja wohl. Und soweit ich weiß, war das das letzte Mal, dass ich hinter irgend etwas oder jemandem hergelaufen bin. Mir jedenfalls war damals schlagartig klar: Der Zug war nicht nur in Sachen Sport für mich abgefahren.

In einem dieser neuen Intercity-Züge hab ich mal gemerkt, dass sich die Temperatur auch gar nicht mehr regeln lässt wie früher in denen von vor 35 Jahren. Ich finde, das ist kein Fortschritt. Jedenfalls nicht für den Bahnfahrer. Die Fenster konnte man auch nicht mehr öffnen. Außerdem weht dauernd ein kühler Wind von unten in einem für Frauen recht ungünstigen Winkel. Mehr sag ich nicht dazu. Ich habe dann einen Bahnangestellten gefragt, ob er die Temperatur eventuell ein bisschen höher stellen könne, draußen sei es doch recht angenehm warm. Geht nicht, gab er Auskunft, er könne da leider auch nichts machen, er habe schließlich den Spezialschlüssel nicht. Gut, ich gebe ungern auf, wenn ich die dienstleistende Fachkraft schon mal am Wickel hab. Wo denn im Falle eines Brandes eigentlich das für mein Abteil zuständige Hämmerchen sei, wollte ich wissen, wenn die Fenster schon keine Griffe mehr haben. „Da machen Sie sich mal keine Gedanken", beruhigte mich der gute Mann stoisch, „mit dem kleinen Hämmerchen kriegen sie DIE Scheiben sowieso nicht kaputt. Keine Schangx."

Komme mir übrigens keiner der Kollegen noch mal mit dem Argument, in der Bahn könne man so herrlich arbeiten. Vergiss es. Kommt nichts bei raus. Höchstens Comedy.

Ich hab's mal probiert. Der Schweizer, der mich in seinem unnachahmlichen Akzent in einen ziemlich wahnsinnigen Dialog verwickelt hat: „Wollen Sie einen Kaffe mit mir trinken?" – „Nein, danke." – „Warum wollen Sie denn keinen Kaffee mit mir trinken?!" – „Ich arbeite." – „Sie spre-

chen doch mit mir, da können Sie doch gar nicht arbeiten."
– „Gut – ich versuch's." – „Ja, was wollen Sie denn arbeiten
– Sie lesen doch nur, OD'R?!!" – „Das gehört dazu." – „Na,
dann trinken Sie doch einen Kaffee mit mir. Da kommen
Sie auf Ideen, OD'R?!!. Ich könnte Ihnen viel erzählen, was
Frauen auf Reisen passieren kann, zum Beispiel, OD'R?!!"
– „Glaub ich." – „Ja, Sie haben doch Zeit jetzt. Bis Karlsru-
he, OD'R?!!" – „Nein, ich muss arbeiten." – „Sie wollen mir
doch jetzt nicht erzählen, dass Sie auf freier Strecke ausstei-
gen?! Ist es das, was Sie mir erzählen wollen?!!"

Nein, das wollte ich dann doch nicht. Ich hab dann
einfach meinen Vorsatz aufgegeben und ihn zur Strafe so
lange pausenlos zugesülzt, bis ER entnervt den Speisewagen verlassen hat. Vorher hab ich ihm allerdings noch aller-
lei Trinkbares aus den Rippen geleiert. Ich finde nämlich,
Weltverbesserung fängt im Kleinen an. Sowas erfordert
natürlich sportlichen Einsatz. Wahre Überzeugung macht
beharrlich. Ich kann mit einigem Stolz vermelden, dass
ich sogar die Heimsuchung der Zeugen Jehovas zu meinen
Gunsten habe entscheiden können und sie die Wohnung
mit einem Schriftstück MEINER Wahl verlassen haben.

Auch die mir unbekannten Kollegen, die am 1. Mai im
selben Zug wie ich auf dem Weg zu einem von der Gewerk-
schaft organisierten Auftritt fuhren, haben zwar das ganze
Abteil spontan an der Notwendigkeit einer Organisation
zweifeln lassen, die solche Auftritte auch noch bezahlt („Wir
müssen auch was für die Frauen singen – Wie wär's mit ‚Sa-

binchen war ein Frauenzimmer …'?") Aber immerhin haben wir die Flachpfeifen absolut unorganisiert, wenn auch milde nachdrücklich von mir inspiriert, mit der gepfiffenen „Internationale" auf den Bahnsteig geschickt.

Sogar die vielen ungezogenen Kinder, die ich spontan und aus tiefster Überzeugung im Schnellkurs so gut wie möglich nachsozialisiert habe, reuen mich nicht – ich helfe gern. Das alles war nur Vorbereitung für meine finale Prüfung in Sachen Mitreisende. Und die hatte ich mit unsern Jungs. Staatsbürger, also Demokraten in Uniform. Also diese Dumpfnasen sollen mich verteidigen – mal angenommen, ich wäre damit überhaupt einverstanden?! – Dass ich nicht lach: Weicheier, die keinen Alkohol vertragen!!! Schon beim Einsteigen so pickepackebreit, dass ich mich gewundert habe, dass sie es überhaupt gemerkt haben: Wir blieben auf offener Strecke stehen. Der Mann im Lautsprecher hat bald auch gesagt, warum: Kinder würden auf den Gleisen spielen. Und es hat nicht lange gedauert, da haben unsere Herren Verteidiger ihrer Phantasie freien Lauf darüber gelassen, was sie mit den Kindern tun würden, wenn sie könnten, wie sie wollten. Mein Denkanstoß, dass ein bisschen mehr Mitgefühl mit den potenziellen Opfern schon allein deswegen angebracht sei, weil das Gematsche ja schließlich auch nicht scharmangter aussieht, wenn es wieder welche von ihnen in Afghanistan zersemmelt beim Telefonleitung-Legen für Siemens, hat die Jungs nur zu einem ziemlich stumpf-aggressiven Gesichtsausdruck mit dazugehörigen

Grunzgeräuschen gebracht – und erst mein Appell „Bitte! Ein bisschen mehr Respekt vor einer deutschen Mutter!!!" hat mich vorm Gröbsten bewahrt. Ist im Übrigen volkswirtschaftlich absolut nicht mehr zeitgemäß, dieser Kinderhass. Immerhin können die schon an ihren PCs üben. Computerballerspiele. Heimarbeit für die Front. Kostensenkende Maßnahme, wird gern gesehen. Und für alle, die immer noch bestreiten, dass es einen Zusammenhang zwischen Computerballerspielen und Gewaltbereitschaft gibt, hier der ultimative Beweis: Anders lässt sich überhaupt nicht erklären, dass an den Schulen immer nur die Schüler Amok laufen und nicht die Lehrer.

Es gibt auch absolut magische Momente in der Bahn. Zugegeben. Aber die sind selten. Ich kann mich noch genau erinnern und möchte den Morgen nicht missen, an dem ich ziemlich übernächtigt von einem anstrengenden Auftritt mit langem Après-Ski kurz vor Hamburg die Stimme im Lautsprecher mit folgender Bord-Durchsage hörte:

„Meine Damen und Herren, in Kürze erreichen wir Hamburg. Aus aktuellem Anlass sehen wir uns genötigt, darauf hinzuweisen, dass sich in letzter Zeit der Diebstahl auf dieser Strecke häuft. Lassen Sie uns gemeinsam verhindern, dass diese dreckigen Lumpen auch nur den Hauch einer Chance kriegen, ihrem elenden Handwerk in unserem Zug nachzugehen." Von wegen „Servicewüste Deutschland"!

Ob man nun aber mit der Bahn fährt oder nicht: Die Bahnhofsmission sollte man auf alle Fälle unterstützen. Hilflose Menschen brauchen einen Anlaufpunkt, schon allein damit sie nicht Opfer von Straftaten werden. Ich habe vor nicht allzu langer Zeit am Altonaer Bahnhof gesehen, wie ein Mensch von 5 bis 6 Mitgliedern sogenannten Sicherheitspersonals zu Boden geschlagen und sein Gesicht brutal mit dem Knie auf den Asphalt gedrückt worden ist. Und dieser Mensch war absolut hilflos, vollkommen verwahrlost und hat stark nach Alkohol gerochen, sah also genauso aus wie ich, wenn ich mich dann aus doch mal sehr guten Gründen entschließe, statt mit dem Auto mit der Bahn zu fahren.

Käthe Lachmann

Hach, so eine Zugfahrt ist herrlich!

Es gibt viel zu sehen und zu tun auf einer Bahnfahrt. Ich muss immer sofort essen, wenn ich im Zug sitze. Darauf freue ich mich schon zu Hause. Auch wenn ich gut gefrühstückt habe, wird, wenn ich Hamburg Dammtor eingestiegen bin, spätestens am Hauptbahnhof mein Essenspaket ausgepackt: ein Bagel oder wahlweise ein Brötchen, das ich mir am Bahnhof gekauft habe. Je nach Länge der Reise. Bis Bielefeld reicht ein Bagel, bis Aschaffenburg oder weiter kommt manchmal noch ein Franzbrötchen oder ein anderes süßes Teil dazu. Früher, als ich noch mit Pianisten unterwegs war, war „Hohes C" mein Reisegetränk. Jetzt ist es stilles Wasser. Man wird doch vernünftiger mit zunehmendem Alter. Ein Liter stilles Wasser. Eigentlich mag ich Wasser mit Kohlensäure lieber, da sich aber beim mehrmaligen Öffnen und Trinken aus der Flasche die Kohlensäure verflüchtigt und ehemals kohlensäurehaltiges Wasser im Gegensatz zu seit jeher kohlensäurefreiem Wasser labberig schmeckt, trinke ich lieber gleich stilles Wasser.

Ich sitze da und schmause und genieße die Reise. Ohne Turbulenzen, ohne Stau und mit interessanten Gesprächen von telefonierenden Mitreisenden. Schon manches Mal bin ich eine Station weiter gefahren, als ich eigentlich musste, weil das Telefonat gerade so spannend war.

Wie das von der tierlieben Frau, die zu Hause angerufen hat: „Hallo, mein Hase, hier ist dein Bärchen. Gibst du mir mal eine der Mäuse? (Pause) Hallo, mein Hühnchen, wie war deine Bio-Arbeit?" Ich war etwas traurig, dass ich die Antwort nicht hören konnte, war aber sicher, sie lautete: „Ganz gut, aber ich muss auflegen, die Arche legt gleich ab."

Alleinreisende Männer ab Mitte vierzig sieht man im Zug eigentlich nur mit roten Nummernschildern unterm Arm. Sie müssen den Zug nehmen, weil sie irgendwo ein Auto abholen. Ansonsten ist Zugfahren nämlich unter ihrer Würde. Sie kacheln lieber selbst mit 220 über die Autobahn. Und die Reise zu diesem Ziel ist nur eine lästige Pflicht. Sie haben auch nie etwas zu essen dabei, selbst wenn sie von Kiel nach München fahren. So als würde das die Reise verkürzen. „Ich spring rasch in den Zug, ich hole ja eh nur mein Auto", scheinen sie zu denken. Die meisten behalten sogar ihre Jacke an und halten den Fahrschein die ganze Zeit in der Hand, damit die Reise schneller vorbeigeht.

Das freut natürlich die Fahrkartenkontrolleure. Aber selbst wenn die Autoabholer schon mit dem Fahrschein vor ihrem Gesicht wedeln, sagen die Schaffner ihr Sprüchlein auf: „Zugestiegendiefahrkartenbitte." Oder wahlweise: „Personalwechseldiefahrscheinebitte." Das haben die so im Blut wie die Brasilianer den Samba. Auch wenn sie in ihren

Uniformen nicht nach sambatanzenden Brasilianern ausse-
hen.

Reformen bei der Bahn

Ich fahre gern mit der Bahn. Nicht zuletzt deshalb, weil
man sich bei der Bahn immer neue Angebote einfallen
lässt, um uns auf die Schienen zu locken:
Auch in Zukunft sollen die Fahrpreise nach Reisetermin,
Kilometerzahl und Gutdünken der Bahnangestellten fest-
gelegt werden.
Neu ist die Einführung von Getränkegutscheinen für Reisende 1. Klasse, die an einem Sonntag vor 18 Uhr hin-
und an einem Donnerstag zwischen 17:00 Uhr und 17:30
Uhr zurückfahren und dabei eine Strecke von über 900
km zurücklegen.
Für Reisende 2. Klasse über 24 mit Abitur sollen Reisen
im ICE künftig generell 440 Euro kosten, außer, sie besit-
zen eine Bahncard, mit der sie allerdings nur während
der ausschlussfreien Tage fahren können, von denen es
in Zukunft zwischen zwei und drei im Monat geben soll.
Das gilt nicht für Alleinerziehende mit Hund.
Frühbucher können weiterhin auch ohne Bahncard ihre
Reisekosten um bis zu 50 % senken, wenn sie sich mindestens sechs Monate vor Fahrtantritt für einen Zug

entscheiden und dann für eine der beiden ermäßigten Karten ausgelost werden.

Auch sollen Zivildienstleistende in Zukunft nicht mehr ganz umsonst fahren dürfen, sondern das Bahnpersonal bei kleineren Arbeiten wie Müllentsorgung und leichten Reparaturen entlasten.

Die Behindertenabteile, mit denen jetzt schon jeder 15. Zug ausgestattet ist, sollen um einen weiteren Quadratmeter auf einen Quadratmeter verkleinert werden, um den Rollstuhlfahrern optimalen Halt und absolute Sicherheit zu gewährleisten.

Geplant ist außerdem die Einführung des „Wunderschönen Wochenendetickets", das zusammen mit der AOK im Rahmen von Trimming 360 entwickelt wurde. Körperliche Fitness soll hierbei mit Fahrvergnügen gekoppelt werden: Wochenendreisende, denen es gelingt, auf den fahrenden ICE 327 „Turnvater Jahn" aufzuspringen, werden nicht nur umsonst befördert, sondern erhalten außerdem einen Gutschein für eine kostenlose Blutdruckkontrolle in ihrer örtlichen AOK-Geschäftsstelle.

Mit günstigen Angeboten, Preistransparenz und dem Verkauf des Schienennetzes möchte die Bahn das Bahnfahren attraktiver gestalten und die deutschen Straßen entlasten.

Auch sollen zu diesem Zweck künftig Dienstleistungen aus dem Bahnhofsbereich in die Züge direkt verlegt wer-

Ich möchte gern mal einen Zugbegleiter in Zivil sehen.
Ich glaube auch, dass sie uns Fahrgäste gern in Zivil begleiten würden. Niemand sonst auf der ganzen Welt versucht
so sehr, sich von den anderen Kollegen trotz Uniform zu
unterscheiden. Noch nirgends sonst habe ich derart aben-
teuerliche Frisurenkreationen in Form und Farbe gesehen
wie bei den Zugbegleitern jeden Alters. Hellblond-braune
Schachbrettmuster in Stoppelfrisuren geben sich ein Stell-
dichein mit Magentasträhnen im blauschwarzen Bob, die
aschblonde, kinnlange Dauerwelle wird durch ein gefloch-
tenes Zöpfchen bis zum Popo in ebenjenem Magenta er-
gänzt: wie farbenprächtig muss erst die Freizeitkleidung
eines Schaffners oder einer
Schaffnerin daherkommen?
Ist Nina Hagen am Ende
eine ehemalige Zugbeglei-
terin? Ich verstehe diese fri-
surale Experimentierfreude
als eine kleine Revolution,
ein minimales Aufbegehren
in einem streng reglemen-

Aus Rücksicht auf
die Anhängerschaft
des 1. FC Nürnberg
ist das Rauchverbot
in diesem Zug
aufgehoben.

tierten Bahnverkehr, in dem jede Minute zählt, sich um Sitzplätze gestritten wird („Das ist nicht Wagen 9! Das ist Wagen 8!"), und das Verschlafen des Schaffners „Störung im Betriebsablauf" heißt.

Schön, dass die langweiligen Uniformen am Hals aufhören, denke ich und beiße in mein Kürbiskernfranzbrötchen. Noch gut zwei Stunden bis Aschaffenburg und noch eine Menge zu sehen.

Bernd Müllender

Fast erstligareif: Die Bahn

Die Wette

Seit Phileas Fogg wettete, er könne „In 80 Tagen um die Welt" reisen, sind Menschen auf der Jagd nach Mobilitäts-Rekorden: an einem Tag in sechs Ländern eine Runde Golf spielen (schon geglückt); als globaler Groundhopper Fußballstadien in allen Staaten der Welt besuchen (fast geglückt), den Marathon in weniger als 2 Stunden laufen (steht demnächst an).

Ich hatte mit mir selbst gewettet, dass es möglich ist, mit einem Erster-Klasse-Tages-Freifahrschein der Bahn (gültig bis 10:00 Uhr des Folgetags) alle 18 Spielorte der Fußball-Bundesliga anzufahren – und zwar auf einem Rundkurs, also ohne jede doppelt gefahrene Strecke. Einen solchen Freifahrschein hatte ich, als treuer und intensiver Bahnnutzer, für meine fleißig angesparten 2.500 Bahn-Bonus-Punkte erhalten. Zudem darf die Reise als konsequente Umsetzung der seltsamen Bahn-Werbung in der Sportschau gelten. Da wird immer ein „Dauer-Spezial" angepriesen: „Jubeln Sie in Hamburg, jubeln Sie in München, jubeln Sie in …" Ja, gerne: Ich juble simultan und in Echtzeit für den FC Überall, dauerhaft und sehr speziell.

Die Vorbereitung:

Geschätzte 30 Stunden habe ich mit Fahrplanstudium am Rechner verbracht: tüfteln, probieren, verwerfen, korrigieren, umbasteln. So – oder doch besser so? Könnte man nicht besser …? Oder andersherum? Die gewählte Route war die einzig mögliche: Bei Dutzenden alternativer Ideen passte immer eine Verbindung nicht, man kam abends in Cottbus nicht weg oder hätte doppelt durch Hannover oder Köln gemusst.

Und der letzte Hinrundenspieltag 2008 war auch der letztmögliche für diese Unternehmung, weil die TSG Hoffenheim bis dahin im bahnfreundlichen Mannheim spielte – jetzt hat sie das neue Stadion im bahntechnisch nicht einmal drittligareifen Sinsheim bezogen. Das wäre nicht gegangen. Und dann stieg im Sommer 2009 auch noch Freiburg auf – geografisch katastrophal.

Die Fahrtroute

00:00 Start im RE 10145 Aachen-Hamm, hinter Köln-Mülheim (Abfahrt 23:59), auf Stadtgebiet **Köln**

00:04 **Leverkusen** Mitte an

00:10 Leverkusen Mitte ab, Bus 209

00:17 Leverkusen-Schlebusch an

00:50 Leverkusen-Schlebusch ab RB 11957

01:05 **Köln** Hbf an

01:25 Köln Hbf ab, RE 11380

02:20 **M'Gladbach** Hbf an

02:54 M'Gladbach Hbf ab, S8

03:27 **Düsseldorf** Hbf an

03:55 Düsseldorf Hbf ab, S1

04:25 **Duisburg** Hbf an

04:35 Duisburg Hbf ab, S2

04:58 **Gelsenkirchen** Hbf an

05:05 Gelsenkirchen Hbf ab, RB 20200

05:15 Essen Hbf an

06:00 Essen Hbf ab, IC 2214

06:09 Bochum Hbf an

06:21 Dortmund Hbf an

06:28 Dortmund Hbf ab, IC 2145

07:13 Bielefeld Hbf an

07:25 Herford an

07:33 Herford ab, WFB 39608

08:12 Osnabrück Hbf an

08:23 Osnabrück Hbf ab, ICE 808

09:14 Bremen Hbf an

10:00 Hamburg-Harburg an

10:12 HH-H ab, ICE 787

11:21 Hannover Hbf an

12:31 Hannover Hbf ab, ICE 847

13:03 Wolfsburg Hbf an

14:21 Berlin OstBf an

15:13 Berlin OstBf ab, RE 38171

16:53 Cottbus Bf an

17:15 Cottbus Bf ab, RE 38513

18:39 Priestewitz an

18:55 Priestewitz ab, RE 17468

20:01 Leipzig Hbf an

20:20 Leipzig Hbf ab, IC 2477

00:49 München Hbf an

03:17	München Hbf ab, ICE 616
05:37	**Stuttgart** Hbf an
06:14	Stuttgart Hbf ab, RE 19500
07:26	Bruchsal an
07:33	Bruchsal ab, S3
07:50	**Karlsruhe** Hbf an
08:00	Karlsruhe Hbf ab, ICE 872
08:22	Mannheim Hbf an, spielortgebend 2008 für **TSG Hoffen-**heim
08:35	Mannheim Hbf ab, ICE 614
09:09	**Frankfurt** Airport an
10:00	Gültigkeitsende Ticket, Einfahrt Stadtgebiet **Köln**, bei Porz
10:05	Köln Hbf an

Ist-Ankunft: 10:08:32 Uhr

Das entspricht 6,2 Sekunden Verspätung pro Stunde.

Lächerlich! Wette gewonnen!

Herr Buchmann[1] grätscht dazwischen

Schlag 00:00 Uhr am 13.12.2008 beginnt das Abenteuer. Gleich muss links das Bayer-Kreuz auftauchen. Gleich danach der erste Ligahalt, Leverkusen Mitte. Vorher kommt Herr Buchmann.

Der Kontrolleur betritt um 00:01 Uhr den Wagen. Er

---

1 Name von der Redaktion geändert

nimmt meinen Bahnbonus-Fahrschein. „Das sieht wie drübergeschrieben aus. Ausweis bitte. Das muss ich kontrollieren." Man muss dazu wissen, dass ein solches Freifahrticket ein Gutschein ist, den man durch handschriftliches Eintragen des Gültigkeitsdatums aktiviert. Nichts anderes hatte ich vorher getan. „Da haben Sie dran herummanipuliert. Der Fahrschein ist eingezogen." Statt seiner bekomme ich wortlos einen 40-Euro-Zahlschein.

Ist das ein Witz? Versteckte Kamera? Drei Wochen Vorbereitung, halbe Nächte vor dem Rechner, und jetzt: Spielabbruch nach 90 Sekunden? Heftige Debatten. Leise, argumentativ, laut, bittend, sehr laut, fordernd, erklärend. Nichts wirkt. Buchmann bleibt schweigend stur, unbeirrbar und flüchtet kurz vor Düsseldorf in ein sichtgeschütztes Schaffnerabteil.

Ausstieg Düsseldorf. Das Spiel ist aus? Kein Ticket, keine Fahrt? Herr Özdemir am Service Point hat mein Problem schnell begriffen. Er ruft in der Leitstelle an („Dem hat wohl so ein Idiot vom Prüfdienst das Tagesticket weggenommen") und will im Buchmann-Zug anrufen. Klappt aber nicht. Was nun? Özdemir empfiehlt indirekt Schwarzfahrt. „Wenn Kontrolleure kommen, erklären Sie Ihr Problem." – „30 oder 40 Mal bis Sonntag früh? Da werd ich wahnsinnig." Also Tickets kaufen, 2. Klasse. In summa 178,70 Euro – eine Menge Geld für ein Freifahrticket.

Die Statistik

Verkehrsmittel: ICE, IC, IC-Ersatzzug, RE, RB, WFB, S-Bahn

Umstiege: 21 (13 in Erstligastädten)

Kilometer: 2.300

Kaffeekonsum: 2,5 Liter

Schlaf: Naumburg–München; Augsburg–Stuttgart

Zeitverteilung: 24:22 Std. in Zügen gesessen

Sichtverhältnisse: 23:30 Std. Dunkelheit

Bahnhofshalte: 132 (Durchfahrten: geschätzt 729)

Kontakte zu Bahnbediensteten: 37

Defekte: Uhren an Bahnhöfen 7; Zugtüren 6; Zugtoiletten 2; im Kontrolleurskopf 1

Stadiensichtungen: 2 (Wolfsburg, Stuttgart)

Fansichtungen: BVB, Gladbach, Werder, 96, Schalke, Bielefeld, Cottbus, Wolfsburg; dazu Fanhörungen und Fanriechungen (volle S-Bahn vollgebrochen): „Dortmunder Bier", erklärte ein Gladbach-Freund, „das konnte ja nicht gut gehen."

Ausstieg: „In Fahrtrichtung rechts" in gefühlten 70 Prozent

ICE-Radachsen: 100 % haben gehalten

Das Duell

Verspätung in Essen. Der Anschluss-ICE steht abfahrbereit direkt gegenüber, störenderweise sind zwei Gleise dazwischen. Sprint über den menschenleeren Bahnsteig.

„Halten Sie den Zug aaaan ... Hallooooo ..." Die Zugchefin guckt gelangweilt rüber – und fährt bei Gleisankunft sekundenpünktlich ab: Rückstand, 0:1.

Ausgleich schon in Herford: Nur 90 Sekunden Zeit. Sprint 33 Treppenstufen runter, durch eine Müllhalde von Neontunnel, 33 Stufen hoch – rein in den Zug! – und Abfahrt. Bahn vs. Ich steht 1:1.

Hannover: Die Bahn versucht mit allen Tricks, 2:1 in Führung zu gehen. Anschlusszug nach Berlin wird fünf Minuten verspätet angekündigt. Gemütlich zum Gleis geschlendert – und soeben noch in den ICE reingerutscht. Abfahrt minutenpünktlich.

Kurz vor Bruchsal wieder 10 Minuten Verspätung. Doch der Angriff der Bahn ist taktisch tölpelhaft vorgetragen, denn auch der Anschluss nach Karlsruhe ist unpünktlich.

Das 1:1 ermauert. Feiglinge!

Die schönsten Durchsagen

„Wellkamm in se Ei-Ci-lih to Berlin East."
„Wir bedanken uns, dass Sie unsere Travel-Gäste waren."
„Listen! This train have two parts."
„Senk juh fohr trawweling wiss Deutsche Bahn." (Der

berühmteste Satz auf Schienen-Englisch schallte durch
7 der 9 polyphonen Fernzüge.)
„Wir sind Opfer einer nächtlichen Störung."
„Glaubense dem elektronischen Kollegen kein Wort. Der
is hinterher. In fünf Minuten sintwer in Essen." (Durchsage Lokführer nach falscher Bandansage)

Das Nachspiel

Nach der Tor-Tour kommt die Tortur: Klärung der
Causa Buchmann. Wer ist zuständig? Wo kommt der Mann
her? Telefonate, alle über kostenpflichtige 0180-Num-
mern. Endlosschleifen. „Kundendialog"-Stelle. Mir wird
der Rückruf des Dienststellenleiters zugesagt, der aber aus-
bleibt. Nach meinem Anruf bei der DB-Pressestelle hagelt
es plötzlich Rückrufe. Der Fall werde geklärt. Ergebnis der
Prüfung: Kein Manipulationsverdacht mehr, obwohl es
aussehe wie mit zwei Stiften geschrieben (was gelogen ist).
Bizarre Rechtfertigung: Der Willkür-Häscher habe vorsorg-
lich richtig gehandelt, weil es ja hätte sein können. Intern ist
später zu hören, Buchmanns Teamleiterin habe ihm erheb-
lichen Ärger gemacht.

Ein Lehrstück: Bahn-Bonus-Fahrkarten und auch
Discounter-Kauftickets zum Selbstausfüllen sind brand-
gefährlich. Was, wenn man sich verschreibt? Wenn der
Stift abrutscht ? Gibt es eine Maximalzahl von Stiften (ei-

ner?), Soll-Eigenschaften (Filz, Kuli, Tinte), Muss-Farbe? Also: immer eine beglaubigte Farb-Kopie des ausgefüllten Fahrscheins machen, diese mit einem Schriftgutachten im Banksafe verschließen und am besten auch einen Notar des Vertrauens mit auf die Reise nehmen. Wird teuer, ist aber sicherer und erspart viel Ärger.

Neue Telefonate und Mails. Alles immer wieder erklären. Ticket kommt nach neuem Vorstoß bei der Pressestelle

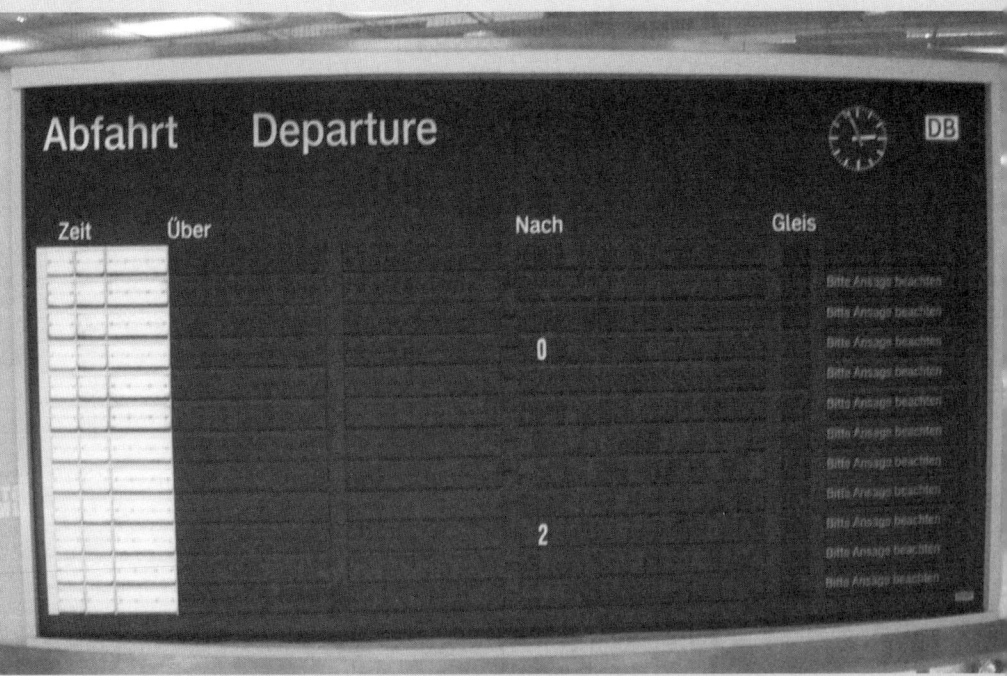

Berlin Ostbahnhof, 34 Minuten vor Anpfiff: Der Ergebnisdienst der Bahn beginnt bereits zu arbeiten. Im 3. Spiel wird das Auswärtsteam zu Null spielen, im 9. Spiel gelingen zwei Auswärtstore. Die restlichen Treffer entnehmen Sie bitte den Durchsagen am Bahnsteig.

retour. Immerhin hat Buchmann nicht nachträglich selbst daran manipuliert, um sein Tun zu rechtfertigen. Sogar die Fahrtkosten werden ersetzt. Bliebe ein neues Freifahrticket – das Einzige, was die Bahn nichts kostet. Und gerade da wird sie bockig und stur, dass sich jeder Esel schämen würde. Und das gegenüber einem Dauerkunden, dem sie als Dank für seine Treue einen Freifahrschein geschenkt – und nach 90 Sekunden wieder weggenommen hat. Und von dem sie mittlerweile weiß, dass er publizistisch tätig ist. Da würde doch jeder Manager, der bei Sinnen ist, einen roten Unterwerfungsteppich ausrollen und persönlich auf Knien mindestens drei neue Freifahrtickets überbringen!

Aber Bahnbonus lehnt schriftlich ab, weil ja die Fahrkarten bezahlt wurden, und wünscht „weiterhin angenehme Reisen". Auf meinen Hinweis, dass nach meinen Kenntnissen 1. ungleich 2. Klasse ist, erfolgt der Rückruf durch eine junge, gut geschulte Callcenter-Stimme mit dem Angebot, man wolle gern „die Differenz von 500 Punkten gutschreiben." – Bitte?! Kleinkarierter geht's nicht? „Oder, falls Sie nicht einverstanden sind, haben wir uns überlegt, könnten wir auch 2 Upgrades anbieten." Nachfrage, ob die Bahn ein Basar ist? Ob man mir die Glossen nicht gleich diktieren möchte? Verhindere ich womöglich den Börsengang? Trotzdem bitte ich um schriftlichen Bescheid. Der bleibt zwar aus – aber zeitgleich mit den nervigen Telefonaten hat die Bahn mir kommentarlos 2.500 Bahn-Bonus-Punkte gutgeschrieben. Na geht doch.

Popette Betancor

Der vergessene Tee oder: Schaffner fürs Leben

Ich halte mir die Hand, sitze auf meinen Füßen, es
tropft aus meiner Nase. Draußen ein strahlend blauer Himmel und Grün. Grün. Wäre es weiß, würde ich mich nicht
beschweren. Würde weiter sitzen, mir die Hand halten, meine Nase wischen und mich immerhin freuen, dass die Sonne scheint. Die Sonne soll ja ruhig scheinen, doch passt das
Grün nicht zu der Temperatur, die hier herrscht. Natürlich
beschwer ich mich nicht. Es beschwert sich ja sonst auch
keiner. Niemand. Alle sitzen. Männer haben ihr Jackett aus-
gezogen. Ich glaube, pro forma. Oder damit es nicht knit-
tert. Oder weil sie es immer ausziehen, sobald sie sich hin-
setzen und sich dabei unbeobachtet fühlen. Ich habe alles
angezogen, was ich mitführe. Ich habe einen Übergang bezahlt. Bin gewechselt von der zweiten in die erste Klasse. In
der ersten Klasse ist es ruhig und kalt. Es riecht nach nichts,
weil niemand Essen auspackt. Eigentlich ist es das Paradies.
Eigentlich aber auch nicht, denn im Paradies würde freund-
liches Servicepersonal auf und ab gehen und Decken ver-
teilen. Hier nicht. Hier ist es kalt, niemand verteilt Decken
und keiner beschwert sich. Alle sitzen.

Der Schaffner kommt und inspiziert skeptisch meinen Übergang. Er beäugt mich und gibt mir die Fahrkarte zurück.

„Haben Sie einen Wunsch aus dem Speisewagen?"

Wie, was? Speisewagen?

„Könnte ich bitte eine Decke haben?"

Er guckt mich an und geht weiter. Fahrkarten kontrollierend, „hier noch ein Wunsch aus dem Speisewagen?", weg ist er.

Ich versuche zu lesen, aber die Kälte lenkt mich ab. Ich gucke aus dem Fenster, besuche die Bordtoilette, gehe wieder zu meinem Platz, lese, verschränke die Arme vor der Brust.

Nach einer Weile kommt der Schaffner mit einer Tasse in der Hand. Geht durch den Wagen, an mir vorbei, kommt zurück, hält immer noch die Tasse in der Hand. Vielleicht aber auch schon eine andere, leere, die er abräumen muss.

Ich lese, sehe auf, der Schaffner kommt wieder. Wieder mit einer Tasse in der Hand. Immer noch dieselbe? Er bleibt neben mir stehen.

„Hatten Sie einen Tee bestellt?"

In seinen Augen ist etwas Flehendes, Zerbrochenes, Hilfloses, Kaumwiedergutzumachendes.

Ich schüttel den Kopf, er setzt sich neben mich, klappt den Tisch aus und stellt die Tasse ab.

Wir sitzen nebeneinander, aus der Tasse dampft es.

„Darf ich mal anfassen?"

Er nickt, ich umfasse die Tasse, halte die Tasse fest, sehe aus dem Fenster und spüre die Sonne auf meinen Fingern.

So sitzen wir.

Am Zielbahnhof stehen wir auf und steigen aus.

Dietmar Burdinski

Rausschaun

Das Thema meiner Abschlussklausur in der Henri-Nannen-Schreiberschule lautete: „Sie fahren Bahn."
Auf vielfachen Wunsch veröffentliche ich hiermit diese schriftliche Prüfungsarbeit – eine Reisereportage.

Montagmorgen. Wie jeden Montagmorgen nehme ich den ICE 10 Uhr 17 von Berlin nach Hamburg in den Verlag. Wie immer sitze ich Großraum 2. Klasse hinten links. Draußen herrscht der leuchtend gelbe Rapsmai. Ich schließe die Augen. Mmm ... wie das duftet.

Alle Anschlusszüge werden erreicht. Im Speisewagen erwartet Sie Sandro Belzig mit einer Kalbshaxe à la Biolek. Oder wie wär's mit einer frischen Tasse Kaffee?

Au ja, Frühstück, denke ich und schaue aus dem Fenster: Brandenburg. Zwei graue Häuser. Ein Hund. Schranke zu. Brandenburg. Viel Natur. Hauptstadt Potsdam. Da lebt Günter Jauch, unser Bundespräsident.

Brandenburg: An jeder Ecke riecht es nach Geschichte: Preußen, Napoleon, Schlacht von Fehrbellin, das alles. Fontane. Schinkel. Wölfe.

Ich stehe auf, um in den Speisewagen zu laufen. Doch

zunächst kommt der Schaffner. Ist noch jemand zugestiegen?

Liebe Leser, ich hoffe, meine Reisereportage ist informativ und spannend. Ich gebe dem Schaffner meine Fahrkarte. Auf seinem Namensschild steht: Konny Roloff. Aha! Herr Roloff, ich möchte noch einen Zuschlag für die 1. Klasse lösen.

Er gibt ihn mir und geht. Tagesgeschäft für Herrn Roloff.

Zwei Sitzreihen vor mir brüllt jemand in sein Handy: Vier Tonnen Schweinebäuche, Chicago, jawoll! Nein, Frau Wilke, Agio 5 %, und das ist mir scheißegal, was der Dalai Lama dazu sagt!!

Es stimmt: Im Zug kann man viel besser arbeiten als im Auto.

Bogensekunde für Bogensekunde schreitet die Sonne auf ihrem Lauf über die Felder und Wälder voran. Nebelschwaden senken sich auf das Vogelparadies Linumer Bruch. Da! Ein Schwarzstorch.

Nun wird es aber Zeit, in die 1. Klasse zu gehen. Dort sind die Sitze breiter. Und zum Schluss kriegt man ein Tütchen gebrannte Mandeln.

Draußen schwimmen drei lila Fliederbäume in einem Meer aus Gelb: Raps. Ein schwitzend Kaltblutpferd zieht stampfend Furch' um Furche. Der blanke Eisenpflug, er glänzet in der Sonne: Karfunkel! Karfunkel! Ein dicker Bauer tritt hinzu und rufet: Brrrr! Schweigsame Schnitter sensen das Gras, singen von fruchtbaren Mägden im Heu und von der Heimat auf See: Ahoi!

Idylle pur ist das.

Inzwischen fährt mein Zug durchs Irgendwo von Brandenburg.

Essen? Bier?, fragt eine Bahnfrau. Bin ich schon im Speisewagen? Nein, 1. Klasse, da wird auch am Platz serviert.

Ich lehne dankend ab.

Jetzt wird es aber Zeit, in den Speisewagen zu gehen. Ich wollte doch frühstücken.

Zehn Minuten später steht ein köstliches Rührei mit Bacon vor mir. Vorne links sitzt Hellmuth Karasek. Was macht der denn hier?

Mein Telefon klingelt, wie der Eisbär Knut brüllt. Es ist Frau Harnisch aus dem Verlag.

Wo bleiben Sie denn? Die Herren von Random House warten schon. Sie verstehn?

Oje, vergessen! Mal überlegen …

Mister Wilson: Deadline bis April 2010.

Henry Smithers … der rote Ordner.

Tee und Gebäck für alle.

Wie in Trance erteile ich meine Anweisungen. Das ändert nichts dran, dass ich direkt vom Bahnhof in den Verlag muss. Fischbrötchen kaufen bei Nordsee entfällt heute. TempoTempo!

Plötzlich die Idee!

Wenn ich im Zug nach vorne gehe, komme ich schneller an: 200 Zuggeschwindigkeit plus Gehtempo 4 = 204 km/h. Mit Zwischensprints sicher 211 km/h.

Erleichterung.

Die Cumuluswolken draußen vorm Fenster rasen zurück nach Berlin. Überall wogende Roggenfelder. Da! Ein Waschbär.

Nach dem Rührei wieder 1. Klasse. Ich stecke meine Nase in die Sessellücke vor mir, versuche vergeblich am Hals einer unbekannten Schönen zu schnuppern.

Danach korrigiere ich grottenschlechte Manuskripte, die namenlose Autoren an den Verlag geschickt haben. Draußen: Regen.

Das ist das Schöne am Bahnfahren: arbeiten und rausschaun. Zwanzig Minuten später entsteige ich dem ICE Berlin–Hamburg/Dammtor. Es duftet nach Franzbrötchen. Ein letzter Blick zurück.

Der weiße Zug glänzt in der Sonne.

Matthias Jung

Obst für die Bundeswehr

Ich fahre gerne Zug. Klar, er kommt manchmal zu spät, aber da ich auch oft zu spät komme, kommt er demnach für mich pünktlicher als für andere Leute.

Außerdem ist eigentlich noch nie was passiert – bis auf eine doppelte Platzreservierung, die ein älterer Herr und ich gemeinsam hatten. Ich bin natürlich für ihn aufgestanden. Er sagte auch: „Junger Mann, das tut mir leid, aber Sie sind zu schwer für meinen Schoß!"

Man kann es ja mal probieren.

Also könnte jetzt eigentlich meine Geschichte schon zu Ende sein, wenn da nicht diese eine Fahrt mit meiner Mutter gewesen wäre. Kurz zur Erklärung: Meine Mutter ist eine typische Mutter: liebevoll, fürsorglich und anstrengend.

Wenn man bei Wikipedia „Mutter" eingibt, kommen Fotos von meiner Mutter. Bei „liebevoll, fürsorglich und anstrengend" natürlich auch.

Das wurde auch bei dieser Zugfahrt deutlich, als sie sagte: „Wir müssen uns an den Händen nehmen, damit wir uns nicht verlieren!" Prinzipiell eine gute Idee, aber nicht, wenn man mit ihr alleine fährt und schon auf die 30 zugeht. Aber so ist meine Mutter halt!

Wir sind nach Frankfurt gefahren, im Zug hatten wir ein Abteil mit 6 Plätzen: 4 Bundeswehrsoldaten, Mutter und ich. Bundeswehrsoldaten sind für mich immer ein bisschen wie Junggesellenabschiede: Einheitliche Kostümierung, stets besoffen und es geht um die Vorbereitung auf den Ernstfall.

Was meine Mutter auf langen Fahrten macht, ist ein Messer, 3 – 4 Äpfel und ein großes Kleenex rausholen. Sie nennt den Vorgang liebevoll „Äpfelchen schälen!"

Dabei lässt sie die Schale dran, weil dort ja die Vitamine drunter sind. Als Kind dachte ich mal, dass es bei der Wurst auch so wäre, aber das ist ein anderes Thema und das Ende auch nicht unbedingt das Schönste.

Während ich also vor mich hindöste, holte Mutti ihre Utensilien fürs „Äpfelchen schälen" aus ihrem Beutel raus. Die Bundeswehrsoldaten hatten in der Zeit das erste Bier geöffnet.

Meine Mutter trinkt eigentlich gar nicht, höchstens ein kleines Bier, und da sagt sie schon nach drei Schlucken: „Bub, ich bin total besoffen!"

Die Bundeswehrsoldaten fuhren nach Flensburg, und meine Mutter bewunderte ihren Einsatz. Sie sagte: „Das, was ihr macht, ist doch bestimmt auch gefährlich!" Ich glaube, dass meine Mutter immer noch denkt, dass die direkt von Flensburg aus in den Krieg ziehen müssen. Ein Soldat antwortete ihr: „Geht so! Prost!"

Sie stießen an mit Flensburger Pilsener, was beim Aufmachen so schön „Plopp!" macht, was auch meine Mutter durch ein „Ach herrje!" dokumentierte.

Das Öffnen der Flasche war sogar recht synchron, was die Soldaten, so glaube ich, ein wenig stolz machte. Zumindest lächelten sie sich gegenseitig an.

Dann war das Schälen der Äpfel beendet, meine Mutter nahm ein Stück in die Hand und meinte: „Ihr braucht doch Kraft, wenn ihr kämpfen müsst. Hier sind paar Äpfelchen, die sind direkt aus unserem Garten!"

Sie waren wahrlich direkt aus unserem Garten und hießen nicht „Golden Delicious", „Granny Smith" oder „Pink Lady"! Letzteres erinnert mich eher an den Namen eines Pudels, der mit einem handgestrickten Jäckchen umherläuft, das ihm Frauchen extra beim Hundeausstatter maßgeschneidert verpasst hat, und nicht an ein Stück Obst.

Meine Mutter hielt jedenfalls ihre „Äpfelchen" begeistert, ja geradezu zelebrierend nach oben, als wäre es der WM-Pokal.

Nebenbei bemerkt wäre es eine schöne Vorstellung, wenn Michael Ballack am Frankfurter Römer den jubelnden Fans anstatt des Pokals die Äpfel meiner Mutter präsentieren würde, und Jogi Löw würde in einem Interview sagen: „Die sind direkt aus dem Garten!"

Derweil bedankten sich die Soldaten höflich und griffen zu. Ich bekam auch 2 Stückchen Apfel, und die Soldaten gaben meiner Mutter sogar einen kleinen Becher Bier ab.

Dann holte meine Mutter noch Birnen raus, die ich gar

nicht gerne mag. Mutter kommentierte dies mit traurigem Unterton: „Der Matthias isst die nicht gern!"

Ich liebe es, wenn sie mit mir in der 3. Person spricht, wenn ich direkt daneben sitze.

Die Soldaten sagten zu ihrer Überraschung: „Aber wir essen sehr gerne Birnen!"

Da sagte sie ganz stolz: „Dann schäle ich euch die Birnchen. Ach, ihr Buben …", und jetzt funkelten ihre Augen: „unser Land kann echt stolz auf euch sein!"

Dann senkte sie ihren Kopf in meine Richtung und fügte hinzu: „Bub, ich bin total besoffen!"

Und ich sagte: „Nee, Mutter, so bist du halt!"

Das war mein kleines Erlebnis mit der Deutschen Bahn, die ich wirklich sehr schätze und nicht missen möchte. Auch behandelt sie ihre Mitarbeiter sehr gut, während das auf der Post nicht so ist. Zumindest sagte mir eine unfreundliche, langsame und gelangweilte Mitarbeiterin: „Ich werde hier gemobbt. Ich soll jetzt ein Schildchen tragen, wo draufsteht: ‚Wir beraten Sie gerne!'"

Was freu ich mich schon auf das Buch über die Deutsche Post!

Nessi Tausendschön

Ein Abteil allein für mich

Ich reise ja viel – und Sie werden sich nicht wundern, wenn ich Ihnen mitteile, dass das daran liegt, dass ich viel unterwegs bin. Mehr noch: Ich will Ihnen berichten, dass ich sogar des Öfteren mit dem Zug fahre. Allein, die vielen Menschen, die auch mitfahren, die stören mich regelmäßig.

So sehe ich immer zu, dass ich ein Abteil für mich besetzen kann, damit ich den beim Reisen üblichen Annehmlichkeiten frönen kann wie Nagelmaniküre, Nasepopeln oder Schnitzen. Ich ziehe also sofort die Vorhänge zu, damit man nicht sehen kann, dass ich allein im Abteil sitze und es mir aus ebendiesem Grunde recht wohl ergeht. Oft stelle ich auch als Stolperstein den großen schwarzen Koffer vor die Tür, damit niemand hereinkommt. Ein sehr wirksames Mittel. Die meisten Fahrgäste, die auf der Suche nach einem Sitzplatz durch den proppenvollen Zug irren, trauen sich nicht, mein Abteil zu betreten, zumal ich den Vorhang mit robusten Holzwäscheklammern sichere und unerfahrene Bahnfahrer den Durchschlupf meist nicht finden und vorher aufgeben.

Wer es dennoch durch den Vorhang schafft zu fragen,

ob hier denn noch ein Platz frei wäre, den kann ich meistens durch die mitgebrachten Mäntel, Jacken oder auch manchmal Schnitzwerkzeuge überzeugen, dass alle Plätze besetzt sind und sie in dem proppenvollen Großraumwagen im Gang stehen müssen.

Aber es kommt ja jetzt in diesen neuen Zügen vor, dass gar keine Vorhänge vorhanden sind. Für solche Fälle habe ich immer ein 3 mal 4 Meter großes Stück karierten, plissierten Vorhang dabei, den ich entweder mit doppelseitigem Klebeband oder mit einem Tacker befestige und der seinen Zweck ebenso erfüllt.

Manchmal allerdings überwindet ein ganz hartnäckiger Reisender, ein willensgefestigter Mensch, alle diese Hürden (etwa, weil er die Finten aus eigener Erfahrung kennt), fläzt sich dickfellig auf den Sitz mir gegenüber und grinst triumphierend.

Da ist er aber bei mir an die Falsche geraten, denn auch für solche Fälle habe ich vorgesorgt, indem ich den durch den Genuss von Bohnen und Kohl forcierten Flatulenzen freien Lauf lasse und bei etwaigem Versagen selbstproduzierter Geruchsmoleküle mit Stinkbomben nachhelfe.

Oft ist auch bei meinem Einstieg schon alles besetzt, dann setze ich mich in das Mutter-Kind-Abteil, das es in jedem IC oder ICE gibt und das meist leer ist, weil die Deutschen sich, wie ja alle wissen, nicht genügend vermehren.

Manchmal leihe ich mir für solche Zwecke die Kinder von Freundinnen aus. Ich habe da aber schlechte Erfahrungen gemacht, da Kinder Lärm, Schmutz und Unannehmlichkeiten bereiten, und deshalb bin ich dazu übergegangen, Babypuppen mit Echtheitszertifikat dabeizuhaben oder auch nur ein Tonband mit dem trommelfellzerfetzenden Geschrei vorher aufgenommener hungriger Findelkinder aus dem Waisenhaus.

Oder ich schimpfe lautstark mit einem zusammengerollten Bündel aus Kleidung, das ich in eine Babydecke gewickelt habe:

„Du böses, böses Mädchen, hast du Mama nicht versprochen, lieb zu sein, wenn fremde Onkel dich aus dem Schlaf wecken. Nein, nein, nicht weinen. Der Onkel geht bestimmt gleich wieder, oooch mein Mäuselchen, der stört dich nicht, der Onkel geht gleich ... Da schau, da geht er." Dann schaue ich ihn herausfordernd an, und meist verlässt er dann das Abteil, und ich bin mal wieder fein raus.

Als eine besonders wirkungsvolle Variante hat sich die schlichte Holzurne mit Messingbeschlägen erwiesen, die ich auf dem Flohmarkt an der Kölner Uni erstand. Wenn ich diese, mit 2 Kerzen beleuchtet, auf dem Klapptischchen vor mir drapiere und dabei von Weinkrämpfen geschüttelt immer wieder vor mich hin murmele: „Maximilian, geh nicht fort", dann müsste es mit dem Teufel zugehen, wenn sich jemand traut, den Platz neben mir einzunehmen.

Ich weiß allerdings nicht, wie lange all diese Finten noch wirken, denn andere Bahnreisende kommen in den übervollen Zügen sicher auch bald auf eigene Ideen. Neulich sah ich einen Mann, der sich offensichtlich einen Finger abgehackt hatte, um an einen Behindertenausweis zu kommen, und der saß dann unverschämt grinsend auf dem schönen und sehr bequemen Behindertenplatz. So etwas, das muss ich ganz ehrlich konstatieren, finde ich fies und unsozial und ich prangere das hiermit nachdrücklich an!

Desimo

Können Zugschaffner eigentlich Memory?

Gesichter jedenfalls können sie sich meistens gut merken. Nur ganz selten folgt bei den Uniformierten nach der ersten grundsätzlichen Kontrolle der Existenzberechtigung des Fahr-, na ja, „Gastes" ein zweites Mal die Frage nach der Fahrkarte. Manchmal wird bis zum „Personalwechsel, die Fahrkarten bitte" zwar der Blick des Erstkontrollörs fragend – aber dann brummeln sie auch gleich so was wie „Siesinjaschon".

Ja, bin ich dann wohl. Vor allem irritiert – jedenfalls, wenn sie dann doch kommt, die Frage, auf den Punkt formuliert: „Waren Sie zugestiegen?"

Warum will irgendwas in mir unbedingt antworten: „Nein, ich stehe noch am Bahnsteig und warte. Wir haben Verspätung."

Ich lasse es bleiben, klar – das mit der Verspätung wissen die selbst. Und können sie meist auch erklären. Eine notdürftig auf professionell-freundlich geschulte Stimme verkündet über die Lautsprecheranlage einen Satz – und wer will, darf raten, welche zusätzliche Fremdsprache das sein sollte.

Oder wenigstens, was die Durchsage genau bedeutet:

„Grund für diese Verspätung waren Verzögerungen im Betriebsablauf."

Aha! Wir sind also verspätet – ist aber nicht schlimm, es hat ja einen Grund: wegen Verzögerungen. Klar, so weit – so bekannt: später kommen durch Verzögerung.

Wer sich hier schon zufrieden gibt, verpasst das eigentliche perfide Rätsel: Was bedeutet dieser „Betriebsablauf"? Sind alle anderen Züge auch zu spät? Ist etwa der Zugführer selber mit einem verspäteten Zug zur Arbeit gekommen? Oder meinen die in Wirklichkeit „wegen Störungen in der Betriebsabwicklung"? Privatisierung? Börsengang?

Die klugen Köpfe können sich ja gar nicht um ihre eigentliche Aufgabe „störungsfreier Bahnverkehr" kümmern. Sie wickeln sich ab, haben es ja schon lange verraten, sie werden verkauft. Also verpacken sie die letzten vorhandenen Bemühungen werbetauglich – ummanteln ganz viel „zu wenig fürs Geld" mit einer bunten Hülle und nennen es „mehr Service".

Das bedeutet immerhin, dass aus dem Lautsprecher schallt: „Ausstieg in Fahrtrichtung links." Danke, Service – ich hätte sonst nie den Ausgang gefunden.

Diese Fürsorge geht zwar weit, doch nicht weit genug. Wenn „Haben Sie auch nichts vergessen? Denken Sie an Ihr Gepäck!" vergesslichen Menschen hilft, dann wären auch Psycho-Krücken für Ängstliche angebracht. „Die plötzliche Dunkelheit ist kein Weltuntergang – wir sind soeben in einen Tunnel eingefahren."

Hilfreich für Nichtraucher wäre der Hinweis: „Im Zielbahnhof herrscht leichter Westwind", damit sie den Rauchschwaden aus dem kläglichen „Raucherbereich", dieser Stillen Treppe für Nikotinjunkies, ausweichen können. Apropos windig: Woher stammt eigentlich „zügig"? Von Zugluft? Wohl kaum. Stammt „zügig" etwa von „Zug"? Dann sollten wir dringend die Bedeutung aktualisieren: Kauf deine Tickets nur dann direkt am Schalter, wenn du sehr viel Zeit hast – denn da geht es immer zügig. Da ist immer eine lange Schlange. Und warum verzögert sich der Ticketkauf? Bestimmt wegen einer Störung im Betriebsablauf ...

Hans Gerzlich

Auf der Strecke geblieben

Meine wahrlich ausgedehnten Tourneereisen führen
mich mal in diesen Winkel unseres einig Mutter- und Va-
terlandes, mal in jenen. Bei diesen Unternehmungen würde
ich es durchaus vorziehen, mich des Einspänners als Unter-
satz zu bedienen, doch der Gedanke an den sich einstellen-
den Ärger mit der Autobahnpolizei lässt mich bisweilen auf
eine Einrichtung ausweichen, die den meisten Lesern unter
dem Namen „Deutsche Bahn" nicht gänzlich unbekannt
sein dürfte.

So begab es sich vor einigen Zeiten, dass mich mein
Weg nach Berlin über die Zwischenstation „VW- und Autostadt Wolfsburg" führte. Hört, hört! Mir war die „Luther-
stadt Wittenberg" wohlbekannt, aber „VW- und Autostadt
Wolfsburg"? Ich erwarte bei einer baldigst anstehenden Reise in den Süden der Republik ab sofort Zwischenstationen
mit den Namen „E.on-Düsseldorf", „Telekom-Bonn" und
„Deutsche Bank Frankfurt" anzutreffen, bevor wir in „Pau-
laner München" anlegen. O tempora, o mores! Ich mutma-
ße jedoch, den derzeitig amtierenden Bundesminister für
Verkehr, Bau und Stadtentwicklung (BMVBS) deucht, er
könne durch derlei Aktivitäten zusätzliche Werbeeinnah-

men generieren, um das „Unternehmen Zukunft" für den zunächst aufgeschobenen aber nicht aufgehobenen Börsengang attraktiver zu machen.

Diesen frischen Geist der anstehenden Privatisierung hat anscheinend schon ein Gutteil der dort Werktätigen geatmet, leben sie doch den Servicegedanken heute schon. Flankierend hat die Bahn sogar gleichnamige „Points" eingerichtet, und grinsen tun die rührigen Mitarbeiter auch. Manchmal, aber nur manchmal, beschleicht mich jedoch das Gefühl, die rotbekappte Service-Pointerin täte mir grinsenderweise die nonverbale Frage stellen: „Du arme Sau fährst Bahn? Hast du Flugangst oder was?"

Ahnung haben die an jenem Orte nicht direkt. Korrigiere: sicherlich von irgendwas, aber von nichts, was jetzt directamente mit der Bahn zu tun hätte. Dieser Verdacht beschlich mich auch an jenem Sommertage, an dem ich versuchte, am Fahrkartenapparillo des weiland neu in Betrieb gestellten Berliner (Kindl?) Hauptbahnhofs ein Billett für die anstehende Heimreise zu erstehen. Mit dem ICE Hermann Göring – oder war es Ferdinand Sauerbruch? Wer kann diese ganzen Tenöre heute noch auseinanderhalten. Leider war es mir trotz allen Bemühens am berührungsempfindlichen Bildschirm des vorgenannten Gerätes nicht möglich, die mir aufgrund des Fahrkartenerwerbes zufallenden Bahn-Comfort-Punkte auf meine BahnCard gebucht zu bekommen.

Ich suchte also den schon erwähnten Dienstleistungs-

Punkt auf, um mein Anliegen zum Vortrage zu bringen. Dies quittierte die vor Ort eingesetzte Mitarbeiterin jedoch mit einem heftigen Achselzucken und den Worten: „Da kann ich Ihnen gar nicht weiterhelfen. Da haben wir hier gar nichts mit zu tun. Da müssen Sie sich an unsere Kollegen im Reisecenter wenden."

Es bedarf keiner außerordentlichen Erwähnung, dass ich mich selbstredend flugs auf den Fußmarsch zu selbigem begab, der aufgrund der Ausmaße des schmucken Bauwerkes nicht dem sprichwörtlichen Katzensprung gleichkam. Dort angekommen, wurde ich mit einem heftigen Achselzucken beschieden und der Aussage: „Da kann ich Ihnen gar nicht weiterhelfen. Da haben wir hier gar nichts mit zu tun. Da müssen Sie beim BahnCard-Service anrufen." (14 ct/Min. aus dem Festnetz via Arcor, Tarif bei Mobilfunk ggf. abweichend, Montag bis Freitag 7:00 bis 21:00 Uhr; Anm. d. Verf.)

Ich fühlte mich an „Was bin ich?" mit Robert Lembke erinnert! Standardsatz? Genau: „Machen Sie mal eine typische Handbewegung!" Die sah nämlich so aus: nach vorne geöffnete Handflächen mit seitlich vom Körper angewinkelten Armen, verbunden mit bis zu den Ohren hochgezogenen Schultern. Die obengenannten Hauptakteurinnen hätten zu Lebzeiten des seligen Lembke nicht mal richtig Platz auf dem Kandidatenstühlchen genommen, da wären sie nach der typischen Handbewegung bereits wieder auf das Höflichste verabschiedet worden. Denn die Ratefüchse

Guido Baumann, Marianne Koch, Hans Sachs und Marie Adelhaid Elisabeth Kunigunde Felicitas Klein, geborene Freiin von Aretin, hätten unisono und aus vollen Lungen der Kandidatin entgegengebrüllt: „Gehe ich recht in der Annahme, dass Sie bei einer ehemaligen Bundesbehörde im Servicebereich tätig sind?"

Aber bis auf Frau Dr. Koch weilt keiner der vorgenannten Fernsehveteranen mehr unter uns, und die Bahn macht sich fit für den ausstehenden Börsengang und damit auch ihre Kunden für einen Ultra-Triathlon. Du rennst von links nach rechts, von oben nach unten, bist so beschäftigt, dass du darüber die Zeit vergisst und dich am Ende über die Verspätung deines Zuges freust wie ein Schneekönig, (weil du ihn sonst vor lauter Hin- und Her-Rennerei verpasst hättest).

„Auf der Strecke bleiben" – das kommt ja nicht von der Jagd, das kommt von der Bahn: nicht ganz so pünktlich wie eine Buslinie im Süden Tansanias, dafür Preise, als ob man die Königssuite auf dem Traumschiff gebucht hätte. Dafür sehen die Aborte der feurigen Stahlrösser (übrigens keineswegs wie in jeder Amtsstube, jeder Tankstelle, jeder Hinterhof-Pommesbude nach Geschlechtern getrennt) immer noch so aus, als ob man sich da Krankheiten holen könnte, die es noch gar nicht gab, als da letztes Mal feucht durchgewischt wurde!

Das eine soll zum Abschluss fairerweise angemerkt werden: Beim BahnCard-Service habe ich dann angerufen und auf meine missliche Lage aufmerksam gemacht. Und dort war man wiederum überaus freundlich und sehr hilfsbereit zu mir. Frau S.[2] aus dem Call-Center hat gesagt: „Muss ich abklären. Ich ruf Sie zurück!" Wann genau, das hat sie nicht gesagt, da warte ich bis heute drauf und wahrscheinlich noch bis zum Tage des Jüngsten Gerichts. An diesem Tage aber werden sich insbesondere alle Service-Pointerinnen dieser Erde vor ebenjenem zu verantworten haben. Und hoffentlich werden sie straffrei ausgehen, wenn sie als Kronzeuginnen gegen den Vorstandsvorsitzenden aussagen …

....

2   Name dem Autor bekannt

Christian Bartel

Den Zug herbeitanzen

Es ist morgens kurz vor zehn am Dresdner Hauptbahnhof, und gleich werde ich mich für neun Stunden in einen
überfüllten Zug setzen, der heute aus betriebstechnischen
Gründen über Berlin, Madrid und Emden verkehrt, bis er
schließlich nach Bonn fährt. Aber nur der vordere Zugteil,
sagt die Bahnhofsdurchsage gerade, der hintere soll kurz
hinter Magdeburg abgekoppelt und als Handelsvorposten
benutzt werden, in dem die Ureinwohner ihre Felle gegen
Schnaps und Glasperlen tauschen können. Was mit dem
mittleren Zugteil geschehen soll, wisse man noch nicht,
knarzt der Lautsprecher, man werde außerplanmäßig mal
bei einigen Altmetallhändlern im Ruhrgebiet anhalten und
dann weitersehen.

Der Lokführer ist ausgestiegen, um seine Fahrgäste ein
letztes Mal zu umarmen und ihnen Glück zu wünschen,
außerdem sucht er jemanden, der sich mit Radachsen aus-
kennt oder ungarisch kann. Es ist nämlich ein ungarischer
Zug, das erkenne ich, weil er in der Vorwendezeit oft im
Fernsehen zu sehen war, und es stehen auch immer noch
dieselben Leute in ihren verwaschenen Jeansjacken am
Fenster, winken und freuen sich, dass sie endlich im Westen

angekommen sind. Wortlos zeige ich auf das Schild mit der Aufschrift „Dresden", und die Fenster schließen sich rasch wieder.

Ich helfe dem Lokführer ein bisschen bei der Übersetzung des ungarischen Handbuchs, damit er aufhört zu weinen. Visszafelé heißt vorwärts, sage ich, oder rückwärts, na ja, das sieht man dann ja.

Auf dem Perron gehen ein paar Leute mit dem Hut rum und sammeln Geld, sie wollen die Bahn auf eine Stunde Verspätung herunterhandeln. Die Bahn nimmt das Geld, bietet zwei Stunden Verspätung an und lässt sich dann auf 120 Minuten runterhandeln. Großer Jubel bricht aus, einen solchen Verhandlungserfolg hat nicht mal die Lokführergewerkschaft erzielt.

Als sich die Nachricht von unserer baldigen Abreise an den Lagerfeuern herumspricht, kommt Unruhe auf: Zelte werden abgebrochen, Haustiere freigelassen oder verspeist. In einigen Stunden werden nurmehr leere Bretterverschläge, verwaiste Zelte und vereinzelt herumirrende Kleinkinder an diese Siedlung erinnern, denke ich, doch einige hart gesottene Pioniere scheinen sich an das entbehrungsreiche Leben hier an Gleis 14 gewöhnt zu haben.

Ich unterhalte mich mit einem ehemaligen Unternehmensberater, der wild entschlossen auf den nächsten ICE warten will. „Wohin soll es denn gehen?", frage ich und er antwortet milde lächelnd: „Das habe ich vergessen. Es ist aber auch nicht mehr wichtig."

Er sei glücklich hier, sagt er, habe eine Familie gegründet und lese viel. Er holt eine zerfledderte Ausgabe der Kundenzeitschrift „Mobil" aus der Tasche und beginnt mit dem Tremolo eines Wanderpredigers einen Jubelartikel über Verbesserungen im Fernverkehr vorzulesen. „So steht es geschrieben", sagt er ernst und erzählt, dass der ICE seinen Berechnungen zufolge nach der nächsten Schneeschmelze kommen wird. Das habe ihm der Lauf der Gestirne verraten, sagt er und zeigt auf die surrenden Neonlichter. Im Halbdunkel entdecke ich einen Altar, auf dem eine rußende Ölfunzel das Modell eines schneeweißen, schlanken Zuges beleuchtet. „Der ICE. Er wird zu uns zurückkommen", wispert er und erklärt, dass sie zu jeder vollen Stunde für die Ankunft des großen, weißen Zuges beten würden. Er lädt mich ein, ihn zum nächsten Ritual zu begleiten.

Etwa zweihundert Männer und Frauen mit ernsten, wettergegerbten Gesichtern schreiten in würdevoller Haltung den Bahnsteig ab, sie tragen die verblichenen Reste alter Schaffneruniformen und halten Kellen in den Händen, die sie aus Holz und Pappe gebastelt haben. Der ehemalige Unternehmensberater dirigiert sie mit einer Trillerpfeife. Die Gemeinde beginnt, mit bloßen Händen auf die Abfalleimer zu trommeln, die Männer auf den Teil für Altglas, die Frauen auf den für Verpackungen, und der schleppende Rhythmus geht mir durch Mark und Bein. Eine Gruppe weiß gekleideter Menschen schält sich aus der Masse und formiert sich in einer Reihe zum Tanz. „Sie sollen die Ankunft des ICE symbolisieren", flüstert mir jemand zu. Die Trommeln werden lauter, einige Tänzer fallen in Trance und beginnen in Zungen zu sprechen, hauptsächlich Zugdurchsagen oder Menüempfehlungen aus dem Bordbistro. Immer exstatischer werden die Bewegungen der weißen Tänzer, bald werden sie von der Gemeinde übernommen und schließlich wiegen sich alle in einer kompliziert choreographierten Neigetechnik.

Eine bucklige Alte kichert hysterisch, der junge Mann neben mir lässt sich auf die Knie fallen, den Mund weit offen, die Arme gen Bahnhofsdach gerichtet. Ein anderer Mann hat sich einen schwarzen Zylinder aufgesetzt, lässt sich von zwei Gemeindemitgliedern auf den Schultern tragen und verlangt mit barscher Stimme nach Geschenken und Aufschlägen im Reisecenter. Ein Mehdorn hat von ihm Besitz ergriffen.

Schließlich setzt sich ein Teil der Menge in Bewegung, mit stampfenden Schritten umrunden sie immer wieder den Servicepoint, in dem ein Mitarbeiter der Bahn mit unbeteiligter Miene sein Leberwurstbrot verzehrt. Das Ritual nähert sich seinem Höhepunkt. Die dunkle Gestalt des Unternehmensberaters erhebt sich vor mir, reißt die Arme hoch und mit einem letzten Schlag verstummen die Trommeln. Für einen quälend langen Moment scheint die Zeit stillzustehen, er stößt einen unirdischen, heiseren Schrei aus und stürzt sich auf mich. In seiner Hand blitzt ein langes Messer.

Doch bevor er zustechen kann, bekomme ich seinen Hals zu fassen und würge ihn.

„Sind Sie total übergeschnappt?", beschwert er sich, und ich öffne die Augen.

Ich glaube, ich habe gerade einen Fehler gemacht.

„Entschuldigung", sage ich deswegen zu dem neben mir Sitzenden. „Für einen Moment dachte ich, Sie seien der Hohepriester."

„Na ja", sagt er geschmeichelt, „ich bin immerhin Unternehmensberater."

Ich rücke seine Krawatte gerade und setze ihm die Brille wieder auf.

„Es geht schon", sagt er. „Die macht einen ganz fertig, diese Warterei."

„Wohin soll es denn gehen?", frage ich und er antwortet milde lächelnd: „Das habe ich vergessen. Es ist aber auch nicht mehr wichtig."

Ich stehe lieber auf und gehe ein bisschen spazieren.

Die Anzeigetafel zeigt abwechselnd eine Verspätung von 5 und 45 Minuten für den ungarischen Zug an, der dumpf und brütend in seinem Gleis rumort, sonst ist alles wie immer, das Personal steht am Bierbüdchen und erfindet Störungen im Betriebsablauf und die Wartenden haben eine Menschenpyramide gebaut, damit sie alle in dieses kleine gelbe Viereck passen, wo man rauchen darf.

Ich klettere ganz nach oben, baue mir in der Turmfrisur einer asthmatischen Hausfrau ein bequemes Nest, strecke den Kopf durch das Bahnhofsdach und schaue mir die Stadt an.

Es ist schön in Dresden, ich werde ab jetzt hier wohnen, beschließe ich, eine Familie gründen, viel lesen und mich von dem ernähren, was der Bahnhof hergibt. Das ist immerhin besser, als neun Stunden im überfüllten Zug zu sitzen.

Doch bevor ich mich an meine neue Heimat gewöhnen kann, bricht die Pyramide unter mir zusammen und überspült mich wie einen ungeschickten Surfer, der Bahnhofslautsprecher mahnt zum Einsteigen, eine türkische Familie adoptiert mich als Gepäckstück und stopft mich zu einem Topfset, zwei Kaffeemaschinen und einigen entfernten Verwandten ins Gepäcknetz. Der Zug ruckelt los, ich fahre tatsächlich nach Hause. Nachdem es mich einige Mühe gekostet hat, die Familie zu überzeugen, dass ich nicht die gefrorene Hammelkeule für Tante Tuğba in Wuppertal bin und als solche auch nicht zur Verfügung stehen werde, lassen sie mich frei und schenken mir sogar das Topfset.

Ich finde Platz an einem Vierer-Tischchen, doch die drei Laptop-Besitzer dort schauen mich feindselig an, als ich meinen Computer aufbauen will. Ich will einen lustigen Text über das Bahnfahren schreiben, das muss jeder Lesebühnenautor einmal in seiner Karriere gemacht haben und Zeit habe ich ja genug, auch wenn das Thema scheiße ist. Ich wuchte den Monitor auf den Tisch, die hochnäsigen Laptopbesitzer beschweren sich, aber ich höre schon nichts mehr, weil mein Rechner eine ziemlich laute Lüftung hat, außerdem klopft der Motor, wahrscheinlich ist es der Auspuff.

Wir halten in Döbeln und eine Schar Behinderter kugelt in den Zug. Sie haben alle Superlaune: die beiden Betreuer, weil sie sofort die Füße hochlegen und ein Bier aufmachen, die anderen, weil sie halt eine Spezialbegabung dafür haben.

„Guck mal, 'n Haus", ruft eine der kleinwüchsigen Gestalten erfreut glucksend, zeigt aus dem Fenster und die anderen rennen zu ihm hin, weil sie es auch sehen wollen. Das tun sie ab jetzt jedes Mal, wenn er „Guck mal, 'n Haus" ruft. Bald lassen wir uns anstecken und auch die anderen Reisenden machen sich gegenseitig auf wichtige Landmarken wie Häuser, Kühe und Hochspannungsmasten aufmerksam. Als wir schließlich in Leipzig einfahren, steht das gesamte Großraumabteil geschlossen auf den Sitzen und jubelt. Wegen der vielen Häuser.

Die Behinderten verbeugen sich und verlassen unter Applaus den Zug, ich schenke ihnen die Töpfe, die sie fortan als Helme tragen wollen, und als der Zug sich in Bewegung setzt, stellen sie sich am Bahnsteig auf und salutieren militärisch. Ihre beiden Betreuer haben sie schlafend zurückgelassen, die Bahnhofsmission wird sich ihrer später annehmen.

Dann passiert erst mal gar nichts und mir wird langweilig. Mithilfe einer komplizierten Meditationstechnik, bei der man lustige Behinderte visualisieren muss, gelingt es mir, mich tief in mich selbst zu versenken. Von innen sehe ich aus wie eine Tropfsteinhöhle, die Wände sind allerdings geteert, was nun wirklich keine Überraschung ist. Natürlich ist außer mir niemand in mir, und ich langweile mich bald wieder. Als ich wieder auftauche, sind erst fünf Minuten herum und ich mache mich auf die Suche nach dem Raucherabteil, damit wieder was los ist.

Die meisten Passagiere schauen mich fassungslos an, als ich sie nach dem Raucherabteil frage, aber einige werfen begeistert ihre Unterhaltungselektronik aus dem Fenster und schließen sich meiner Suche an. „Etwas Besseres als den Tod finden wir überall", sagen sie. „Ja", antworte ich, „aber nicht unbedingt im Raucherabteil." – „Egal", sagen sie und haben recht.

Nach einem Tagesmarsch, der uns durch menschenfeindliche Bordbistros und die gefürchtete erste Klasse führt, erreichen wir den hintersten Wagen, ein solide gezimmertes Schmuckstück spätsozialistischer Wagenbaukunst mit fahlgelben Gardinchen, die zum Vollqualmen einladen. Hinter den Fenstern erstreckt sich eine grüne Ebene, die sich bis zum Horizont erstreckt. Wir sind am Ende der Welt angelangt, bzw. in Niedersachsen. „Hier werden wir wohnen", rufe ich, „Familien gründen, viel lesen und nach Herzenslust rauchen." Meine Begleiter jubeln mir zu, Obama-Stimmung macht sich breit. Wir zeichnen ein gelbes Viereck auf den Boden und besetzen den unbesiedelten Waggon im Namen von Prince Denmark.

Als der Schaffner mich kurz vor Bonn im letzten Wagen endlich findet, senkt sich bereits der dichte Nebel einer ganzen Schachtel über mein Abteil. „Sie dürfen hier nicht rauchen", sagt er streng, aber ich ignoriere ihn und tippe weiter, weil ich endlich wissen will, wie die Geschichte ausgeht.

Vince Ebert

Stau ist nur hinten blöd

Noch vor 150 Jahren waren praktisch alle Ärzte davon überzeugt, dass Bahnfahren automatisch zu psychischen Erkrankungen führt. Und seit dem großen Lokführerstreik im Jahr 2007 kann man es auch endlich nachweisen.

Wissen Sie eigentlich noch, worum es bei dem Streik ging? Die Lokführer wollten 30 Prozent auf alles außer Tiernahrung. Und weil Bahnchef Hartmut Mehdorn und Gewerkschaftsführer Manfred Schell sich irgendwie doof fanden, mussten über Monate Millionen Zugreisende in die Röhre gucken. Für Herrn Schell war das alles ein bisschen zu anstrengend, weshalb der sich in der Hochphase des Streiks für ein paar Tage in die Kur verabschiedet hat. Toll, oder? Stellen Sie sich vor, Robespierre hätte auf dem Höhepunkt der Französischen Revolution gesagt: „Och, ich fahr mal für ein Wochenende zum Wellness …" Gut, dann hätte er zugegebenermaßen auch nicht seinen Kopf verloren.

Ich muss gestehen, ich fahre nicht besonders gerne mit der Bahn. Nicht etwa wegen des Streiks im letzten Jahr oder der üblichen Verspätungen, sondern wegen der anderen Zuggäste. Immer, wenn ich in einen ICE einsteige, lande ich komischerweise genau in dem Abteil, in dem entweder ein

Kleinkind einen neuen Dezibel-Rekord aufstellen will oder sich ein schwäbischer Kegelverein stundenlang darüber unterhält, dass die drei Tage in Berlin bestimmt irrsinnig aufregend sein werden.

Deswegen bevorzuge ich das Auto. Denn im Vergleich zum Bahnfahren hat man in seinem Wagen absolute Privatsphäre. Man kann laut telefonieren, wild vor sich hin fluchen oder spannende Hörbücher genießen – mittlerweile ja ein unglaublicher Trend. Wohingegen sich das Bücherlesen während des Autofahrens nie so richtig durchgesetzt hat.

Außerdem mag ich die vielen skurrilen Momente, die man auf Deutschlands Straßen erlebt. Vor einigen Wochen fiel mir am Rasthof Spessart ein Wagen auf, der vor dem Eingang zum Restaurant parkte, ein himmelblauer Fiat. Auf der Rückscheibe stand in runenartiger Schrift das Wort „Untot" und auf dem Nummernschild die Zahl 666.

Sieh an, dachte ich. Der Satan fährt einen hellblauen Cinquecento. Ein bisschen mehr hätte ich vom Antichristen ehrlich gesagt schon erwartet. Aber vielleicht ist das ja auch sein Beitrag zum Klimaschutz. Wer kennt schließlich die Probleme einer hohen Globaltemperatur besser als der Höllenfürst? Außerdem hat er es wohl auch nicht nötig, mit einem dicken Schlitten zu protzen.

Im Gegensatz zu uns Sterblichen. Bei uns gilt das Auto seit jeher als Phallus- und Statussymbol. Wir denken, der Pfau ist eitel, weil er sein Rad schlägt. Weil Männer kein Rad schlagen können, kaufen sie sich eben einen Allrad.

Eine weitere verblüffende Parallele zwischen Autofahrern und Tieren kann man beim Buntspecht entdecken. Der hämmert nämlich deswegen so bekloppt gegen Bäume, weil er die Weibchen anlocken will. Genau dasselbe versuchen junge Männer, wenn sie in ihren tiefergelegten BMWs mit hämmerndem Bass durch die Innenstädte fahren.

Selbstverständlich haben Autos auch bei Frauen eine klare Signalfunktion. Ehefrauen von Managern beispielsweise bevorzugen ebenfalls große Geländewagen. Allerdings weniger aus Statusgründen, sondern aus praktischen Erwägungen: „Ich weiß, der Cayenne wirkt ein bisschen protzig, aber mit 'nem normalen Wagen komm ich nie und nimmer die Auffahrt von unserem Ferienhäuschen hoch ...“ Erfolgreiche Singlefrauen dagegen fahren oft Mini, weil sie den weniger erfolgreichen Männern signalisieren wollen: Auf die Größe kommt's nicht an!

Leider hat sich das nicht bei allen männlichen Autofahrern herumgesprochen. Oder wie sind so „lustige“ Aufkleber mit „Meiner ist 12 Meter lang“ sonst zu erklären?

Die häufigste Schlafstörung bei Lkw-Fahrern ist übrigens die Leitplanke. Kein Wunder, denn 80 Prozent aller Trucker geben an, dass ein gesunder Sekundenschlaf viel entspannender ist, als acht Stunden lang durchzufahren.

Diese ernüchternden Fakten schießen mir jedes Mal durch den Kopf, wenn auf deutschen Autobahnen wieder mal ein unachtsamer Gimpel den kompletten Verkehr lahmlegt. Und das passiert leider ziemlich häufig. Neulich auf der Fahrt von Frankfurt nach Nürnberg war es wieder mal so weit. „Vollsperrung auf der A3 zwischen Rasthof Spessart und Würzburg–Kist wegen eines umgekippten Lkws. Haben Sie Geduld, die Bergungsarbeiten laufen."

Jedes Mal, wenn ich in Richtung Süden unterwegs bin, kippen auf der A3 reihenweise 40-Tonner um oder geraten auf die Gegenfahrbahn, um dort flächendeckend ihre Ladung zu verlieren. Meistens so Dinge wie Schmierseife, Kanthölzer oder bromsaures Radiumcarbonat. Und immer, aber wirklich immer, zwischen dem Rasthof Spessart und der Ausfahrt Würzburg–Kist.

Bei so was glaube selbst ich: Dahinter muss ein höherer, kosmischer Grund stecken! Wenn ein Lkw-Fahrer, der irgendwo in Deutschland unterwegs ist, merkt, dass etwas mit seinem Laster nicht stimmt, dann fährt er, wie von fremden Mächten geleitet, schnurstracks auf die A3, um ihn schließlich genau am Rasthof Spessart in den Graben zu fahren. Warum gerade an dieser Stelle, weiß keiner. Ich vermute, es handelt sich hier um das gleiche Phänomen wie beim mythenumrankten Elefantenfriedhof. Ein Lkw muss wohl, genau wie ein Elefant auch, intuitiv spüren, wenn seine Zeit gekommen ist und sein TÜV unwiderruflich abzulaufen droht. Und dann möchte er sich zum Sterben an einen ganz bestimmten, geheimnisvollen Ort zurückziehen. Ein Ort, an dem der Fahrtenschreiber für alle Ewigkeit in Frieden ruhen kann. Und dieser Ort heißt Rasthof Spessart. Die verkehrstechnische Sollbruchstelle Deutschlands.

Statistisch gesehen steht übrigens jeder Bundesbürger im Jahr 57 Stunden lang im Stau. Jeder. Selbst Leute, die überhaupt kein Auto fahren. Dieses Dilemma hat Mercedes schon vor einigen Jahren sehr klar erkannt und bewarb deswegen die S-Klasse mit dem schönen Satz: „Sie bewegt, auch wenn sie steht."

Das ist wahrscheinlich auch der Grund, weshalb die Automobilhersteller ihre ganzen Kisten mit nutzlosem technischem Brimborium vollstopfen. Das geschieht nicht aus Sicherheitsgründen, sondern damit man sich im Stau die Zeit vertreiben kann. Da werden Bordcomputer eingebaut, Handschuhfächer tiefergelegt und Innenspiegel außenverstellbar gemacht.

Sicherheitsexperten wollen demnächst sogar einen Speziallack entwickeln, der bei gefährlichen Situationen in eine Signalfarbe umschlägt. Eine sensationelle Idee. Unter anderem auch für osteuropäische Autohändler, die sich so das aufwändige Umlackieren sparen könnten.

Geben Sie in einem Auto mit Navigationssystem einfach mal einen Ort ein und fahren Sie damit zwanzig Minuten lang im Kreisverkehr. Da kommt die nette Dame in dem kleinen Kasten aber ganz schön ins Stottern! Ich gebe zu, die Vorläufer der Navigationssysteme waren auch nicht viel besser: patentgefaltete Stadtpläne. Als ich mir vor einiger Zeit einen von Hamburg gekauft habe, hat Hamburg nach zwei Minuten ausgesehen wie kurz nach dem Krieg. Ganze Stadtteile waren da nicht mehr wiederzuerkennen.

Technische Details im Auto müssten einfach viel menschlicher gestaltet sein, zum Beispiel sollte es Navigationssysteme geben, die sich ab und zu absichtlich verfahren. Sie geben „Dresden" ein, vier Stunden später stehen Sie vor der holländischen Grenze und aus dem Navi tönt posthum Rudi Carrell: „Lass dich überraschen …"

Dabei gäbe es durchaus Erfindungen, die Sinn machen würden. Wieso konstruiert man nicht mal einen Scheibenwischer, unter den man keine Strafzettel klemmen kann?

Die häufigsten Pannenursachen bei Neuwagen sind Elektronikfehler. Ich musste neulich meinen Volvo in die Reparatur bringen, weil die Handbremse ein Softwareproblem hatte. Die Handbremse!!!!

Als ich den Wagen von der ersten Inspektion abgeholt habe, lächelte mich der Kfz-Mechaniker an und sagte: „Es war alles in Ordnung, Herr Ebert. Das macht 365 Euro." Wie bitte?

Der Hauptgrund für den hohen Preis war nicht die unaufgeforderte Blattvergoldung der Karosserie, sondern der Ölwechsel. Fünf Liter super-synthetisches Leichtlauföl aus der Weltraumforschung haben nun mal ihren Preis. Dass selbst Michael Schuhmacher in seiner aktiven Zeit bei Ferrari ein günstigeres Produkt bevorzugte, ist für meine Volvo-Werkstatt natürlich kein wirkliches Argument.

Früher was das alles noch viel entspannter. In meinen alten VW Käfer konnte ich problemlos abgelaufenes Salatöl einfüllen, die Kiste lief trotzdem. Und wenn er mal liegen geblieben ist, dann waren das noch richtig ehrliche Pannen. Die Lichtmaschine etwa. LICHTMASCHINE – das magische Wort aller Autopannen in den 80ern! Keiner wusste so genau, was das für ein Ding ist, aber sobald irgendwo ein Auto liegen blieb, stieg man aus, guckte bedeutungsschwanger auf den Motorblock und murmelte: „Ich bin mir nicht sicher, aber es ist wahrscheinlich die Lichtmaschine …"

Das half zwar auch nicht viel weiter, aber es gab einem gleich ein irrsinnig gutes Gefühl. Und es hörte sich unglaublich kompetent an. Fachleute machen das ja im Zweifelsfall genauso. Wenn also das nächste Mal Ihr Kfz-Mechaniker etwas von „Verteilerstecker" „Zylinderkopfdichtung" oder „Elektronikfehler" faselt, dann wissen Sie: Der Typ tappt vermutlich im Dunkeln. Aber es ist ein beliebtes Mittel, um Professionalität vorzugaukeln. Ich glaube sogar, dass sich selbst Ärzte beim Betrachten eines unscharfen Röntgenbildes bei genau denselben Gedanken ertappen: „Ich weiß nicht ganz genau … vielleicht ist es ja die Lichtmaschine …"

Die Psychologie unterscheidet übrigens drei grundsätzliche Typen von Autofahrern: den unbelehrbaren, den belehrenden und den Holländer.

Der Unbelehrbare zeichnet sich durch einen aggressiven, testosterongeschwängerten Fahrstil aus und agiert stets nach dem zweiten newtonschen Bewegungsgesetz: „Wer später bremst, fährt länger schnell." „Punkte sammeln" verbindet er nicht mit Payback, sondern ausschließlich mit Flensburg. Sein Revier ist die linke Fahrspur, egal ob auf der

Autobahn oder der Bundesstraße. Seine wichtigsten Hilfs-
mittel sind Lichthupe, Bluthochdruck und der gestreckte
Mittelfinger. Selbst unübersichtliche und widrige Straßen-
verhältnisse halten ihn nicht davon ab, möglichst schnell
von A nach B zu gelangen. Bei Schneefall richtet sich der
Unbelehrbare nach den drei goldenen Winterregeln: Möglichst dicht auffahren. Kleinster Gang. Immer Vollgas. Bei
Nebel erhöht er die Geschwindigkeit, aus Angst, ihm könnte jemand hinten drauffahren. Allgemeine Warnhinweise
werden von ihm ignoriert oder großzügig uminterpretiert.
So ist der Unbelehrbare beispielsweise fest davon überzeugt,
dass sich die Aufforderung „Abstand: halber Tacho" auf die
Breite seines Geschwindigkeitsmessers bezieht.

Laut einer Studie des verkehrsmedizinischen Instituts
der Universität Heidelberg liegt der Männeranteil in dieser Gruppe bei – wer hätte das gedacht – über 80 Prozent
(meine Freundin ist da ein Messfehler). Der Berliner Ver-
kehrspsychologe Edmond Wirzba glaubt, dass in uns offenbar noch immer uralte Verhaltensmuster stecken: „Frauen
haben sich um Kinder, Alte und Schwache gekümmert.
Männer haben den Bären gejagt." Und der war eben einen
Zacken schneller unterwegs.

Auch der Belehrende fährt gerne auf der linken Fahrspur, allerdings mit deutlich vermindertem Tempo. Ge-
schwindigkeitsbeschränkungen hält er akribisch ein, und
zwar auf die dritte Kommastelle genau. Der Belehrende will
nicht unbedingt von A nach B kommen. Sein vorrangiges

Ziel ist es vielmehr, dem Unbelehrbaren den Tag zu versauen. Sieht er einen solchen im Rückspiegel auftauchen, bremst er in einer 100er Zone auch mal gerne auf 80 km/h runter und erfreut sich an dem cholerischen Anfall seines Hintermannes. Fast unnötig zu sagen, dass der Belehrende meist einen pädagogischen Hintergrund hat. Er ist beruflich entweder als Lehrer, Frührentner oder Blockwart tätig. Frauen finden sich in dieser Personengruppe kaum, außer natürlich auf dem Beifahrersitz. Wenn es irgendwie geht, ist der Belehrende grundsätzlich mit seiner Ehefrau unterwegs, die im Zweifelsfall seine Aussagen vor Gericht bestätigen kann.

Der Holländer ist nicht zwingend niederländischer Staatsbürger. Vielmehr bezieht sich der Begriff auf eine bestimmte Mentalität, Auto zu fahren. Der Holländer möchte zwar von A nach B kommen, jedoch ist ihm die dazu benötigte Zeit nicht allzu wichtig. Sein Fahrstil ist defensiv und bewegt sich auf einer Skala von „hochgradig entspannt" bis „zugekifft bis unter die Hutschnur". Bei längeren Fahrten (so ab 20 Kilometer) werden alle 15 Minuten großzügige Pinkel- und Essenspausen eingelegt.

Alles in allem ist der Holländer ein eher friedlicher Verkehrsteilnehmer, der mit einem gefühlten Wohnwagen an der imaginären Anhängerkupplung unauffällig auf der rechten Fahrspur vor sich hin gurkt.

Dieser defensive Fahrstil ist auch der Grund, weshalb der Holländer die Gruppe mit dem höchsten Frauenanteil darstellt. Eine Statistik des Kraftfahrtbundesamtes zeigt eindeutig: Nur ein Fünftel der verzeichneten Verkehrsverstöße geht auf das Konto von Frauen. Wenn Frauen überhaupt mit dem Gesetz der Straße in Konflikt kommen, dann fast nie wegen zu schnellen Fahrens. Das weibliche Geschlecht hat vor allem ein Faible für das Missachten der Vorfahrt oder das erfolglose Abbiegen an ungeregelten Kreuzungen.

Für den Holländer ist jeder Spurwechsel ein Himmelfahrtskommando. Denn die Funktion des Rückspiegels ist dieser Personengruppe leider genauso unbekannt wie die des Blinkers. Somit ist das Überholmanöver der neuralgische Punkt des Holländers (neben dem Anfahren am Berg. Denn den kennt der Holländer ja nicht). Hat er es dann ohne größere Katastrophen auf die Mittelspur geschafft, kommt es zum nächsten Knackpunkt – denn auch vom Wort „Beschleunigung" hat der Holländer nämlich noch nie etwas gehört.

Und so zuckelt er mit 81,5 km/h neben dem zu überholenden Tanklastzug her und fängt in der Regel nach 30 bis 40 Minuten mit dem Fahrer eine lebhafte Konversation an. Was hinter ihm passiert, existiert für ihn nicht. Stau ist schließlich immer nur hinten blöd, vorne geht's …

Eckart von Hirschhausen

Buddha-Fahrt

Eigentlich stehe ich als Arzt ja unter Schweigepflicht. Also: Das muss wirklich unter uns bleiben. Ich bin da einem Riesending auf der Spur. Eine große deutsche Institution ist vermutlich schon seit längerem fest in der Hand einer Glaubensgemeinschaft: die Deutsche Bahn! Alles Buddhisten.

Ich kam darauf, als ich zum wiederholten Male im ICE gegen diese Glasschiebetür rannte. Ich dachte, es muss doch technisch möglich sein, dass die sofort aufgeht und nicht immer mit drei Sekunden Verzögerung. Gibt es Elektronik mit Beamtenmentalität? Nein, die machen alles genau so, wie sie es machen, um uns die Tugenden östlicher Religionen zu lehren.

Du rennst geistesabwesend gegen die Tür und hast unmittelbar eine Meditationserfahrung: Du bist plötzlich ganz im Moment, spürst nur dich und deinen Schmerz. Dann gleitet die Tür majestätisch zur Seite und gibt dir mit auf den Weg: „Pilger. Weltenbummler. Wüstensohn. Was rennst du offene Türen ein? Erwache! Genieße das Leben – in vollen Zügen!" Das ist die geheime Botschaft der Bahn.

In alten Schriften habe ich gesucht und weitere Beweise für meinen Verdacht gefunden:

„ya a shâstravidhim utsrjya vartate kâmakârata a na sa siddhim avâpnoti na sukham na parâm gatim."

„Doch wer nach seiner Willkür lebt, nicht achtend heiliges Gesetz,

Nicht erreicht Vollendung der, nicht Glück und nicht die höchste Bahn."

Doch damit nicht genug: Die größte Schule des Buddhismus nennt sich Mahayana. Wörtlich übersetzt: großes Fahrzeug, das vielen Menschen Platz bietet. Muss ich noch deutlicher werden?

Buddha sagt: Du sollst nicht nehmen, was dir nicht gegeben wird. Die Bahn sagt: Nehmen Sie den nächsten! Buddha spricht: Alles Begehren muss man „fahren lassen". Das gilt auch für das menschliche Begehren, im Zug zu schlafen. Früher konnte man die Armlehnen hochklappen und sich einfach quer hinlegen. Aber seit die Buddhisten die Bahn unterwandert haben, gibt es ergonomische Sitze, in denen es unmöglich ist, eine bequeme Schlafposition zu finden. Buddha heißt nicht umsonst: der Erwachte!

Sollte man doch einmal aus Versehen eingeschlafen sein, wechselt garantiert das Zugpersonal und weckt dich wieder auf. Das nenn ich Service. Das grenzt schon ans Hinduistische: die ewige Wiederkehr der Gleichen.

Die nennen sich auch nicht mehr Schaffner, nur noch „Begleiter", um das Spirituelle ihres Tuns zu unterstreichen. Das sind Bodhisattwas, ruhende Seelen, die nur noch aus Mitleid im Diesseits und im Dienst verweilen. Du spürst, die müssen das alles nicht mehr tun. Sie tun es aus Liebe zu uns. Du fragst sie etwas Konkretes, zum Beispiel: „Wann sind wir denn endlich da?“, und sie antworten mit einem Mantra: „OMMMMM.“

Was ist ein Kursbuch anderes als ein Kamasutra für Triebwagen? „Evam pi me no. Tathâ ti pi me no. Annyathâ ti pi me no. No ti pi me no. No no ti pi me no ti.“ Übersetzt: „Wenn du mich so fragst und ich dächte, das wäre so, so würde ich dir dementsprechend antworten. Aber so denke ich nicht. Ich denke nicht: Es ist so! Ich denke auch nicht: Es ist anders!“

Wow, vor über 2000 Jahren beschreibt jemand exakt die Dialoge am Service Point der Deutschen Bahn! Wie können die Menschen dort im größten Chaos so gelassen hinter ihrem Tresen hocken? Die meditieren! Der Tresen ist extra so gebaut, dass man nicht sehen kann, dass sie im Lotussitz sitzen. Und ab dem zweiten Lehrjahr ganz ohne Stuhl!

Der Frühbucher-Rabatt. Was bedeutet das? Geh in dich, und du weißt, wann du in sechs Monaten mit welchem Zug fahren willst. Denn alles ist vorherbestimmt. Wer daran nicht glaubt, soll ruhig mehr zahlen.

Es geht der Bahn nicht ums Geld, im Gegenteil, nehmen wir nur die 1. Klasse: Mal ist sie ganz vorne am Zug, mal ganz hinten – aber nie in der Mitte vom Bahnsteig. Wer am meisten zahlt, muss das Gepäck am weitesten schleppen, bis dahin, wo das Dach zu Ende ist und man mit dem ganzen Geld im Regen steht. Die Bahn will uns lehren: Wer reich ist, findet schwer zur Mitte. Dabei wartet in der Mitte das freundliche Team der Mitropa. Die Mitte ist Mitropa. Mitropa ist Nirwana. Der Ort, wo alles Begehren für immer aufhört! Wir können im Speisewagen so viel lernen: Nichts wird so heiß gegessen, wie es aufgetaut wird. Sie verwenden nur Fleisch von Tieren, die eines natürlichen Todes gestorben sind. Die Kellner lehren uns: Zeit ist eine Illusion.

Oder das: Du schaust im Bahnhof aus dem Speisewagen auf einen anderen Zug. Und plötzlich könntest du schwören, dass du dich bewegt hast. Aber in Wirklichkeit wurde nur ganz langsam der Bahnhof weggeschoben. Trug der Bewegung. Fahr-Schein!

Der Verstand muss zum Schweigen gebracht werden. Deshalb bringt uns die Bahn auch mit buddhistischen Koans um den Verstand, unlösbaren Rätselfragen wie: „Wenn ein Baum im Wald umfällt und keiner in der Nähe ist, um es zu hören – gibt es trotzdem ein Geräusch?"

Oder: „Wenn ein Mann im Wald spaziert und keine Frau ist in der Nähe – ist er trotzdem im Unrecht?"

Die Bahn steht dem in nichts nach. Ihre schönste Meditationshilfe steht auf den Anzeigetafeln im Regionalverkehr. Wörtlich: ZUG HÄLT NICHT ÜBERALL.

Zug hält nicht überall? Wer das versteht, der ist erleuchtet! Es gibt Hoffnung für uns alle. Danke, Bahn!

Über die Autorinnen und Autoren

Christian Bartel, geboren 1975 in Bonn, ist Poetry-Slammer und Autor. Er schreibt u. a. für den „Exot", die „Welt" und die „taz". 2005 war Bartel Deutscher Slam-Vizemeister und zusammen mit Esther von zur Mühlen ist er Gastgeber des Kölner Poetry Slam.

Er veröffentlichte im Jahr 2008 satirische Erzählungen mit dem Titel „Seit ich Tier bin" und lebt in Bonn.

www.myspace.com/christianbartel

Hennes Bender, geboren 1968 in Bochum, ist Comedian und regelmäßiger Gast im Quatsch Comedy Club, bei TV Total, Nightwash, Frei Schnauze etc. 2004 erhielt er den Deutschen Comedypreis. Er ist deutschlandweit unterwegs mit seinem aktuellen Soloprogramm „Egal gibt's nicht!" und wohnt in Bochum.

www.hennesbender.de

Betancor. die Popette, geboren als Susanne Betancor, aufgewachsen in Essen, ist Sängerin, Komponistin, Autorin, bildende Künstlerin, Preisträgerin und Plattenstar. Sie konzertiert als »die Popette in Betancorband« und veröffentlichte 2000 ihren Roman »Damenbart« (Eichborn). Sie lebt in Berlin.

www.betancor.de

Martina Brandl, geboren 1966, ist Komikerin, Sängerin und Bestsellerautorin. Seit 1997 tourt Sie mit ihren abendfüllenden Programmen in Deutschland, Österreich und der Schweiz, tritt im Fernsehen auf und moderiert (als einzige Frau!) regelmäßig in Berlin und Hamburg den Quatsch Comedy Club. Für's Radio spricht sie Angela Merkel in der Kanzlerinnen-Soap »Mad Merkel - Die Queen von Berlin«. Ihre beiden Romane »Halbnackte Bauarbeiter« und »Glatte runde Dinger« wurden zu Bestsellern.
www.martina-brandl.de

Dietmar Burdinski, geboren 1959 in Köln, ist Autor und Zeichner. Er trat früher bundesweit als Comedian auf und veröffentlichte 1999 „Der Letterman". Heute schreibt er u. a. für Olli Dittrich und Rainald Grebe. Ein zweites Buch erscheint 2010 bei Carlsen. Dietmar Burdinski lebt in Berlin.
www.dietmarburdinski.de

Desimo, eigtl. Detlef Simon, geboren in Hannover, ist Zauberer, Comedian, Kabarettist und Entertainer. Er hat diverse Fernsehsendungen moderiert – von "Halli Galli" bei Sat.1 über Talkshows beim WDR bis zur Comedy-Gala für den NDR, für die er auch inhaltlich verantwortlich war. Desimo moderiert regelmäßig die Quatsch Comedy Clubs in Berlin und Hamburg und ist Initiator und Gastgeber der monatlichen Show "Spezial Club" in Hannover, wo er auch wohnt.
www.desimo.de

Vince Ebert, geboren 1968 in Miltenberg, ist Diplom-Physiker, Kabarettist und Bestsellerautor. Er ist regelmäßiger Gast in TV- Formaten wie dem Quatsch Comedy Club, TV Total, Ottis Schlachthof und den Mitternachtsspitzen. 2007 erhielt er den Handelsblatt-Kabarettpreis „Sprungbrett". Vince Ebert tourt mit seinen Bühnenprogrammen im deutschsprachigen Raum und lebt in Frankfurt am Main. 2008 erschien sein Buch „Denken Sie selbst! Sonst tun es andere für Sie".

www. vince-ebert.de

Matthias Egersdörfer, geboren 1969 in Lauf an der Pegnitz, ist Kabarettist und Sänger in der Kapelle „FastzuFührt". Ausgezeichnet wurde er u. a. mit dem Hamburger Comedypokal und dem Berliner Kleinkunstpreis des Kabaretttheaters „Wühlmäuse". Er ist bundesweit mit seinem Abendprogramm unterwegs u. regelmäßiger Gast im QCC. Er lebt in Fürth.

www.egers.de

Emmi und Herr Willnowsky sind ein Comedyduo, bestehend aus Christoph Dompke (*1965 in Celle) einem Comedian, Autor und Filmkritiker, und Christian Willner (*1967 in Hohenlimburg), seines Zeichens Comedian, Musiker und Arrangeur. Sie sind bundesweit mit ihren Bühnenprogrammen unterwegs und regelmäßig Gastgeber im Quatsch Comedy Club. Dompke veröffentlichte zwei Filmbücher: „Weil doch was blieb – Alte Frauen in schlechten Filmen" und „Unschuld und Unheil – Das verdorbene Kind im Film". Willner ist Gründer und Leiter des St. Pauli Kurorchesters. Beide leben in Berlin.

www.emmi-online.de

Horst Evers, geboren 1967 in Evershorst, ist Autor und Kabarettist. Er wurde u. a. mit dem Deutschen Kabarettpreis 2002 und dem Deutschen Kleinkunstpreis 2008 ausgezeichnet. Er ist bundesweit mit seinem Solo unterwegs und veröffentlichte folgende Bücher: „Die Welt ist nicht immer Freitag (2002)", „Gefühltes Wissen" (2005) und „Mein Leben als Suchmaschine" (2008). Horst Evers lebt in Berlin.

www.horst-evers.de

Michael Genähr, geboren 1958, ist Moderator und Comedian und hat in beiden Funktionen auch fürs Fernsehen gearbeitet. Er ist regelmäßiger Gast im Quatsch Comedy Club und darüber hinaus im Galabereich tätig. Außerdem organisiert er gemischte Comedy Shows und gibt Kurse im Gag-Schreiben. Michael Genähr lebt am Stadtrand von Berlin.

www.genaehr.de

Hans Gerzlich, geboren 1967, ist Außenhandelskaufmann, Diplom-Ökonom, Wirtschafts-Kabarettist und als solcher mehrfach preisgekrönt. Er tourt mit seinem Bühnenprogramm, in dem er sich schwerpunktmäßig ökonomischen Zusammenhängen in Politik und Gesellschaft widmet, durch Deutschland und hatte schon zahlreiche TV-Auftritte, u. a. im Quatsch Comedy Club, in Ottis Schlachthof und bei Nightwash. Er lebt in Gelsenkirchen.

www.gerzlich.de

Rainald Grebe, geboren 1971 in Köln, ist Liedermacher, Schauspieler, Autor und Kabarettist. Er wurde u. a. mit dem Deutschen Kleinkunstpreis 2006 und dem Bayerischen Kabarettpreis 2009 ausgezeichnet. Er veröffentlichte u. a. den Roman „Global Fish" (2006) und das Gesangbuch „Das grüne Herz Deutschlands" (2007). Grebe tourt u. a. mit seiner Band „Kapelle der Versöhnung" durch Deutschland.
www.rainaldgrebe.de

Erwin Grosche wurde 1955 geboren. Er lebt heute als Kabarettist, Schauspieler und Autor in Paderborn. Neben Kleinkunst- und Theaterproduktionen schreibt er Bücher und dreht Filme. Er erhielt u.a. 1999 den „Deutschen Kleinkunstpreis" und wurde im Jahre 2000 Kulturpreisträger der Stadt Paderborn. Seit 2003 ist er Schirmherr von UNICEF PADERBORN und seit 2009 Botschafter der „Stiftung Lesen". Er schrieb zahlreiche Kinderbücher und ist in mancherlei Filmen als Darsteller zu sehen. Im Jahre 2007 erhielt er den Peter- Hille- Literaturpreis für Kabarett und poetische Kleinkunst. Sein Buch „Lob der Provinz" erschien 2008 im Paderborner Verlag „house of poets".
www.erwingrosche.de

Thomas Hermanns, der Gründer und Erfinder des QUATSCH Comedy Clubs, arbeitet erfolgreich als Moderator, Entertainer, Regisseur und Drehbuchautor. Für seine Arbeit erhielt er 2006 die Goldene Kamera und zweimal den Deutschen Comedy Preis. 2009 erschien sein erstes Buch: „d.i.s.c.o." Thomas Hermanns lebt in Berlin.

Dr. med. Eckart von Hirschhausen, geboren 1967 in Frankfurt am Main, ist Arzt, Kabarettist, Moderator und Bestsellerautor. Er ist bundesweit mit seinen Programmen unterwegs und regelmäßiger Gast im TV. Er veröffentlichte u. a. „Arzt-Deutsch / Deutsch-Arzt" (2007), „Die Leber wächst mit ihren Aufgaben" (2008) und „Glück kommt selten allein" (2009). 2008 gründete er seine eigene Stiftung „Humor hilft Heilen". Eckart von Hirschhausen lebt in Berlin.
www.hirschhausen.com

Matthias Jung, geboren 1978 in Bad Kreuznach, ist Comedian und Autor. Er schrieb u. a. schon für die Harald Schmidt Show, 7 Tage, 7 Köpfe und Freitag Nacht News. Er ist bundesweit mit seinem Abendprogramm unterwegs und regelmäßig zu Gast im Quatsch Comedy Club und bei Nightwash. Matthias Jung lebt in Köln.
www.jungmatthias.de

Johann König, geboren 1972 in Soest, ist Poet und Komiker. Er erhielt u. a. den Deutschen Comedypreis (2001) und den Bayerischen Kabarettpreis (2002). Er tourt bundesweit mit seinen Programmen und ist regelmäßig zu Gast in diversen TV-Sendungen, u. a. Zimmer Frei!, Quatsch Comedy Club oder Willkommen bei Mario Barth. Aktuell ist er mit seinem Programm „Total Bock auf Remni Demmi" unterwegs. Er lebt in Köln.
www.johannkoenig.com

Käthe Lachmann, geboren 1971 in Reutlingen, ist Komikerin. Sie erhielt u. a. den NDR-Comedypreis 1996, den Prix Pantheon 1999 und den Deutschen Kabarettpreis 2003. Sie tourt bundesweit mit ihren Programmen und ist regelmäßig zu Gast im Quatsch Comedy Club sowie in TV-Formaten wie WDR Funkhaus, Kabarett aus Franken u. a. zu sehen. Käthe Lachmann lebt in Hamburg.
www.kaethelachmann.de

Bernd Müllender, geboren 1956, ist freier Sportjournalist und Autor. Er schreibt u. a. für DIE ZEIT, die Süddeutsche Zeitung, die taz, die Frankfurter Rundschau und die Financial Times Deutschland. Im Jahre 2000 veröffentlichte er zusammen mit Matti Lieske „Ciao, Lodda! Das Buch Matthäus", und 2003 erschien sein Buch „Eingelocht: Die wundersame Welt des Golfspiels". Er lebt in Aachen.

Martin Reinl, geboren 1975, ist Puppenspieler, Autor, Regisseur, Synchronsprecher und Comedian. Mit seiner eigenen Firma bigSmile produziert er als Creative Director hauptsächlich Puppenformate für Fernsehen und Bühne. Er ist seit 2002 regelmäßiger Dauergast in der WDR-Kultsendung Zimmer frei!, hat Auftritte bei Nightwash und dem Quatsch Comedy Club. Im Kinderprogramm von Super RTL steckt er hinter den preisgekrönten Serien „Peb & Pebber" und „Haselhörnchen – hier knallt die Ente". Martin Reinl lebt in Köln.
www.bigsmile.de

Ingo Oschmann, geboren 1969 in Bielefeld, ist Comedian, Schauspieler, Entertainer und Zauberkünstler. Er gewann 2003 die erste Staffel der Sat.1-Casting-Show Star Search und tourt bundesweit mit seinem Soloprogramm. Außerdem hat er seine eigene TV-Show im WDR: „Familienbande". Er ist immer wieder zu Gast in verschiedensten TV-Formaten wie dem Quatsch Comedy Club oder Genial daneben.

Er veröffentlichte 2007 mit Jürgen von der Lippe das Buch „Schönen Abend!" und 2008 sein Solobuch „Wie James Bond Bananen schält". Ingo Oschmann lebt in Bielefeld.

www.ingo-oschmann.de

Thomas Pigor, geboren 1956, ist Kabarettist, Liedermacher, Buchautor und Komponist. Er ist mit der Formation „Pigor singt –Benedict Eichhorn muss begleiten" bundesweit unterwegs. Das Duo wurde 1999 mit dem Deutschen Kleinkunstpreis und 2006 mit dem Österreichischen Kabarettpreis ausgezeichnet. Thomas Pigor veröffentlichte 2001 das Buch „Wie man am schnellsten in den Himmel kommt" und lebt in Berlin.

www.pigor.de

Lisa Politt, geboren 1956 in Braunschweig, ist politische Kabarettistin. Sie ist bundesweit unterwegs mit ihren Programmen, meist zusammen mit ihrem Partner Gunter Schmidt als Duo „Herrchens Frauchen". Gemeinsam betreiben sie seit 2003 das Theater „Politbüro" in Hamburg. Lisa Politt wurde u. a. mit dem Deutschen Kabarettpreis (2003) und dem Deutschen Kleinkunstpreis Sparte Kabarett (2005) ausgezeichnet und lebt in Hamburg.

www.politbuero.de

Lutz von Rosenberg Lipinsky, geboren 1965, ist Kabarettist, Comedian und Regisseur. Er ist bundesweit mit seinen Soloprogrammen unterwegs und regelmäßiger Gast und Moderator im Quatsch Comedy Club. Bekannt wurde er auch durch zahlreiche TV-Auftritte, u. a. in Ottis Schlachthof, im Quatsch Comedy Club und bei Nightwash, sowie durch seine Fußballkolumnen im Hamburger Abendblatt und im Fachmagazin „Kicker". Er lebt in Hamburg.
www.rosenberg-lipinsky.de

Dagmar Schönleber, geboren 1973 in Lemgo, ist Comedienne, Kabarettistin und Autorin. Sie ist bundesweit mit ihrem Solo unterwegs und regelmäßig in der WDR-Sendung „Stratmann's" als „Frl. Schochz" zu sehen. 2008 veröffentlichte sie das Buch „Nackt im Bus". Schönleber arbeitet auch als Autorin für die Kölner Kinder- und Jugendtheaterpoduktion „Comic on" und lebt in Köln.
www.dagmarschoenleber.de

Ramona Schukraft, geboren 1971 in Wertheim/Main, ist Comedian, Comedyautorin und Coach. Sie ist regelmäßig beim Quatsch Comedy Club und in den TV-Sendungen Fun(k)haus (WDR) und Nightwash zu sehen. Parallel schreibt sie Radio-und TV-Comedy und produziert gemeinsam mit Henning Schmidtke Radiocomedies für Kinder. Seit 2007 gibt sie Comedy-Workshops und coacht Newcomer, u..a. an der Comedy Academy in Köln. Schukraft lebt in Bergisch Gladbach.
www.ramona-schukraft.de

Konrad Stöckel, geboren 1978 in Hamburg, ist Comedian, Magier und Kuriositätenkünstler. Er wurde bekannt durch zahlreiche TV-Auftritte, u. a. bei Genial daneben, TV Total und im Quatsch Comedy Club. Er ist der Gewinner des Comedy-Preises von Pro 7 „Hot Shot" 2003 und regelmäßig in der NDR-Show „Plietsch" zu sehen. Er hat bundesweite Auftritte mit der „Konrad Stöckel-Show". Konrad Stöckel lebt in Berlin. **www. fatkingkonrad.de**

Nessi Tausendschön, geboren 1963 als Annette Maria Marx in Hannover, ist Kabarettistin und Sängerin. Sie ist immer wieder zu Gast in diversen TV-Formaten wie Mitternachtsspitzen, Schmidt und Pocher, Ottis Schlachthof u. a. und bundesweit auf Tour mit ihrem Abendprogramm. Ausgezeichnet wurde sie u. a. mit dem Deutschen Kabarettpreis (1999), dem Deutschen Kleinkunstpreis (2003) und dem Jurypreis des Wühlmäusetheaters, Berlin. Sie lebt in Köln. **www.nessi-tausendschoen.de**

Murat Topal, geboren 1975 in Berlin, ist Ex-Polizist und Comedian. Er tourt bundesweit mit seinem Soloprogramm und ist häufig zu Gast im TV, u. a. im Quatsch Comedy Club, bei den Mitternachtsspitzen, bei Nightwash, im Scheibenwischer und bei Anne Will. Er veröffentlichte 2008 das Buch „Polizei für Anfänger" und lebt in Berlin. **www.murattopal.de**

Mischa-Sarim Vérollet, geboren 1981 in Gibraltar, ist Slampoet und Autor. Er errang über zwei Dutzend Poetry-Slam-Siege, u. a. den Bielefelder Poetry Award 2006 und 2007. Er veröffentlichte folgende Bücher: „Phantomherz" (2005), „Lass uns doch Feinde sein" (2007), „Das Leben ist keine Waldorfschule" (2009). Er lebt in Bielefeld.

www.verollet.com

Wenn Sie dieses Buch in einem Zug durchgelesen haben, finden Sie unter **www.carlsenhummor.de** sicherlich noch anderen unterhaltsamen Lesestoff.

Senk ju vor rieding

Geschichten von großartiger Komik
160 Seiten, illustriert
€ 12,90

Senk ju vor believing

BEST OF GOTT
Glaubenshopping leicht gemacht

CARLSEN

Religionssatire at it's best!
160 Seiten, Gesangbuch-Ausstattung
€ 14,90

Senk ju vor träwelling

Vom Zauber unserer Ortsnamen
80 Seiten, Großformat
€ 19,90